Profession :
acheteur

Illustration Tydde

ISBN : 2-915647-05-4

Profession : **acheteur**

Patrick Caverivière

LES ÉDITIONS DEMOS
20, rue de l'Arcade
75008 Paris

SOMMAIRE

Introduction 9

PREMIÈRE PARTIE ❶

MAÎTRISER LES PRATIQUES D'ACHAT FONDAMENTALES

■ Intégrer la dimension stratégique des achats pour l'entreprise ■ Se positionner durablement par rapport aux clients internes ■ Assumer sa responsabilité fondamentale d'acheteur ■ Identifier précocement les besoins à l'achat ■ Maîtriser son portefeuille de fournisseurs et de prestataires ■ Recourir aux leviers fondamentaux ■ Mettre en œuvre les méthodes et outils achat adaptés 11

DEUXIÈME PARTIE ❷

TRAVAILLER EN AMONT DE L'ACHAT

CHAPITRE 1

METTRE EN ŒUVRE UNE DÉMARCHE STRATÉGIQUE D'ACHAT 19

■ La segmentation des achats ■ L'analyse quantitative des besoins ■ L'identification et l'évaluation des contraintes internes d'achat ■ L'élaboration et l'analyse de la matrice des activités ■ L'étude du marché de référence ■ L'analyse des contraintes de marché ■ La synthèse de l'analyse stratégique ■ L'élaboration des stratégies achats ■ La mise en place et le suivi du plan d'action stratégique

CHAPITRE 2

ANTICIPER ET TRAITER LES RISQUES FOURNISSEURS 51

■ Le recensement et analyse des risques fournisseurs ■ Le traitement des risques fournisseurs ■ L'élaboration et la mise en œuvre du plan de gestion des risques

CHAPITRE 3

RECHERCHER EN PERMANENCE L'OPTIMISATION DU BESOIN 75

■ Le recours à la standardisation ■ Le recours à l'utilisation de solutions existantes ■ L'utilisation de cahiers des charges adaptés ■ Le recours au cahier des charges fonctionnel ■ L'intégration de l'acheteur dès la phase d'expression du besoin

CHAPITRE 4
OPTIMISER SON « PANEL DE FOURNISSEURS ET DE PRESTATAIRES » 85
■ La recherche des fournisseurs potentiels ■ Le recueil d'informations auprès des entreprises présélectionnées ■ La sélection des fournisseurs ou des prestataires ■ La décision finale d'homologation

TROISIÈME PARTIE 3
AMÉLIORER SES PRATIQUES OPÉRATIONNELLES

CHAPITRE 1
DISPOSER D'UNE STRATÉGIE APPROPRIÉE À CHAQUE ACHAT 97
■ Analyse du besoin ■ Évaluation du contexte de l'achat ■ Identification des risques et contraintes liés à l'achat à réaliser ■ Prise en compte des caractéristiques du marché de référence ■ Analyse critique de la demande ■ Choix de la tactique à mettre en œuvre ■ Proposition d'alternatives au demandeur ■ Définition des modalités de mise en œuvre de l'achat ■ Rédaction de la fiche d'action achat

CHAPITRE 2
UTILISER LES LEVIERS ACHAT 103

CHAPITRE 3
RENFORCER SA CAPACITÉ À NÉGOCIER 107
■ Établissement de la liste des fournisseurs à rencontrer ■ Prise de contact avec les fournisseurs ■ Préparation de l'entretien ■ Entretien de négociation ■ Choix du fournisseur ■ L'approche relationnelle de la négociation

CHAPITRE 4
RENFORCER SA CAPACITÉ À CONTRACTER 129
■ Contexte juridique de la contractualisation ■ Les formes de commandes ■ Les éléments constitutifs d'un contrat

Chapitre 5
Les spécificités de l'achat de fournitures 135
■ La notion de fournitures ■ Le processus d'achat de fournitures ■ La rédaction du contrat d'achat de fournitures ■ Le suivi et la réception de l'achat de fournitures ■ La maîtrise de la qualité

Chapitre 6
Les spécificités de l'achat de sous-traitance 141
■ Définition de la sous-traitance ■ Le processus d'achat de sous-traitance ■ La rédaction du contrat de sous-traitance ■ Le suivi, la réception et la maîtrise de la qualité

Chapitre 7
Les spécificités de l'achat de prestations de services 147
■ La notion de prestations de services ■ L'expression du besoin ■ L'appel d'offres de prestations de services ■ Les risques spécifiques à l'achat de prestations de services ■ La rédaction du contrat de prestations de services ■ La diffusion du contrat aux acteurs opérationnels ■ Le démarrage de la prestation ■ Le suivi et la réception des prestations de services ■ Le suivi de la qualité des prestations de services

Chapitre 8
Les spécificités de l'achat de prestations intellectuelles 167
■ La notion de prestation intellectuelle ■ Le processus d'achat des prestations intellectuelles ■ Les risques spécifiques à l'achat de prestations intellectuelles ■ La rédaction du contrat d'achat de prestations intellectuelles ■ La communication du contrat aux acteurs opérationnels ■ Le démarrage de la prestation ■ Le suivi de la réalisation des prestations intellectuelles ■ La réception des prestations intellectuelles ■ Le suivi de la qualité des prestations intellectuelles

Quatrième partie 4
Suivre et gérer ses performances

Chapitre 1
Le tableau de bord achat 181
■ Indicateurs permanents ■ Indicateurs ponctuels ou occasionnels

Chapitre 2
Le tableau de bord « suivi fournisseurs et prestataires » 183

Bibliographie 185

Introduction

Dans un contexte de mondialisation croissante des affaires et de forte demande de création de valeur de la part des dirigeants, l'acheteur doit non seulement parfaitement maîtriser ses techniques d'achat et son environnement immédiat tant interne qu'externe, mais aussi être de plus en plus capable d'affiner ses approches des marchés afin de s'adapter à leurs typologies, d'en exploiter toutes les opportunités, d'intégrer les risques et les menaces à l'achat. En d'autres termes, il doit être capable :

- de définir et de mettre en œuvre de réelles stratégies achats ;
- de les traduire en pratiques d'achats efficientes.

Cet ouvrage traite de la démarche stratégique qu'un professionnel de l'achat doit mettre en œuvre afin de répondre à ces défis et propose les pratiques opérationnelles appropriées ainsi que les outils afférents. Il est organisé en quatre parties.

- La première rappelle et précise les pratiques fondamentales qui donnent à l'acheteur les moyens de la maîtrise de son processus d'achat.
- La deuxième partie expose les éléments lui permettant de structurer et de mettre en œuvre une démarche stratégique achat et met aussi en évidence, tout en lui proposant les outils adéquats, l'importance et la pertinence du travail en amont : anticipation et traitement des risques fournisseurs, valorisation des synergies internes, recherche permanente de l'optimisation du besoin, optimisation du panel fournisseurs et prestataires, etc.
- La troisième partie présente les moyens qui vont permettre à l'acheteur de déployer des pratiques opérationnelles plus efficientes. Elle propose aussi des méthodes et outils adaptés aux spécificités des différents types d'achats tels qu'achats de fournitures, de sous-traitance, de prestations de services ou de prestations intellectuelles, ainsi que des recommandations pour la rédaction des contrats.
- La dernière partie, quant à elle, est consacrée aux moyens du suivi et de la gestion des performances.

La structure de chacune des parties ainsi que les outils et méthodes qui y sont présentés permettent une approche progressive et concrète de la mise en œuvre d'une stratégie d'achat et des applications qui en découlent.

Première partie

Maîtriser les pratiques d'achat fondamentales

Quel que soit le type d'achat à réaliser, tout acheteur se doit d'appliquer et de mettre en œuvre quelques principes et pratiques fondamentaux que le schéma ci-dessous résume.

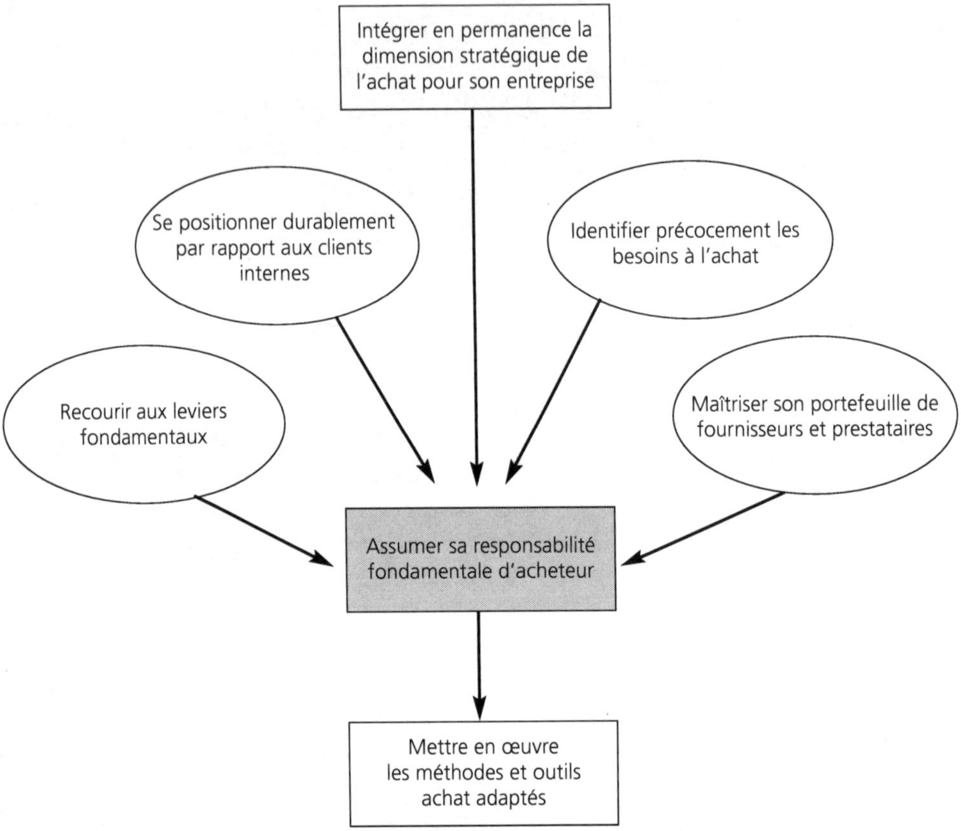

1 • Intégrer la dimension stratégique des achats pour l'entreprise

Si le montant des achats réalisés par les entreprises varie selon les secteurs d'activités (de 10 à 30 % du chiffre d'affaires dans les services, de 40 à 70 % pour les secteurs manufacturiers, voire de 80 à 90 % du chiffre d'affaires dans la distribution ou le négoce), toute action sur les conditions d'achat a néanmoins une incidence non négligeable sur la compétitivité et la rentabilité de l'entreprise. Ainsi, dans une entreprise dont le montant des achats représente 50 % du chiffre d'affaires et dont le profit est de 5 %, une diminution du montant des achats de 5 % améliore le résultat de 50 %.

L'entreprise peut aussi utiliser ce gain de productivité en investissant dans des domaines tels que la production (acquisition d'équipements), le marketing (action sur les prix de vente, investissement publicitaire ou promotionnel, etc.). Dans ce dernier cas, l'entreprise peut espérer un accroissement du volume de ses ventes qui aura pour effet d'augmenter les quantités à acheter et d'obtenir en contrepartie des baisses significatives de ses prix d'achat. Il serait beaucoup plus long et coûteux pour l'entreprise d'atteindre le même résultat par la seule augmentation de ses ventes.

En maîtrisant et en optimisant ses coûts d'achat, l'entreprise dispose d'un levier très efficace lui permettant de se doter d'un réel avantage concurrentiel. L'acheteur intègre cette dimension stratégique de l'achat tout au long de sa démarche et lors des différentes actions ou initiatives qu'il entreprend.

2 • Se positionner durablement par rapport aux clients internes

L'acheteur se positionne entre un demandeur qui exprime un besoin et un fournisseur (ou un prestataire). La maîtrise de la relation avec les demandeurs est un facteur clé de réussite de l'acheteur dans sa fonction.

La performance de l'acheteur, tant dans l'exercice de sa responsabilité fondamentale que dans sa maîtrise de l'interface entre les besoins internes et le marché des fournisseurs, a un impact non négligeable sur les performances de l'entreprise et de ses services.

Le fait que les performances des demandeurs dépendent en partie de celle de l'acheteur induit de leur part un certain nombre d'attentes et d'exigences, parfois implicites, auxquelles l'acheteur doit apporter des réponses permanentes et appropriées. Elles doivent en outre être porteuses de réelle valeur ajoutée pour les demandeurs.

Même si l'entreprise met en place des procédures afin d'organiser, gérer et optimiser cette relation interne, l'acheteur doit instaurer une relation de confiance avec les demandeurs afin d'établir une relation fructueuse. À cette fin, il doit se définir un positionnement personnalisé par rapport à chacun de ses demandeurs et, le cas échéant, déployer des attitudes et comportements circonstanciés, et cela dans le cadre d'une démarche organisée et planifiée.

Lorsque la relation est établie, que la confiance est installée de part et d'autre, qu'il s'est créé un climat propice au travail en partenariat, il appartient à l'acheteur de maintenir cette crédibilité et de la développer.

Situé en amont du processus global de l'entreprise, mais aussi en position d'interface entre la demande interne et le marché, l'acheteur est, de fait, un fournisseur, voire un prestataire interne. Cela doit se traduire par un apport permanent d'informations et de propositions aux différents demandeurs potentiels.

3 • Assumer sa responsabilité fondamentale d'acheteur

La mission fondamentale de la fonction achats est de fournir aux différentes fonctions de l'entreprise des biens et services conformes à leurs exigences (cf. paragaphe précédent), en obtenant :

- **le prix d'achat le plus réduit.** En effet, dès lors que le produit fourni (bien ou service) répond aux exigences du demandeur et de l'entreprise, et que la source d'approvisionnement retenue (fournisseur ou prestataire) offre les garanties de fiabilité, de sécurité et de pérennité requises, l'acheteur doit obtenir le prix d'achat le plus réduit possible ;

- **le coût global le plus performant** pour son entreprise. Les différents niveaux du coût global sur lesquels l'acheteur intervient, agit ou qu'il prend en compte tout au long de sa démarche d'achat sont :
  - le *prix d'achat* proprement dit ; c'est celui qui a été négocié ;
  - le *prix rendu* qui, outre le prix d'achat, prend en compte les coûts de mise à disposition (transport, emballage, assurance, etc.) ;
  - le *coût d'acquisition* qui agrège le coût de traitement de la commande au prix rendu ;
  - le *coût de possession* qui est constitué de l'ensemble des sommes dépensées avant l'utilisation du produit (prix rendu, coût de traitement de la commande, coûts de stockage ou de mise en service, relances fournisseurs, etc.) ;
  - Le *coût d'utilisation* (en fin de vie) : essentiellement applicable aux biens d'équipements tels que machines-outils, matériels informatiques,

véhicules, etc., le coût d'utilisation représente l'ensemble des coûts et dépenses générés par ce produit depuis son achat, à savoir coût de possession et coût de fonctionnement (coûts de main-d'œuvre, de matières, d'énergie, de maintenance, etc.), et cela jusqu'à la fin de sa vie ;
- le *coût global* : en fin de vie, le produit peut avoir une valeur marchande (valeur de reprise ou de vente en cas d'écoulement sur un marché d'occasion), ou, au contraire, engendrer des dépenses supplémentaires au titre de traitement de déchets, de recyclage, de démontage et de ferraillage, etc.

Le coût global est égal au coût d'utilisation en fin de vie augmenté ou réduit des incidences constatées.

L'acheteur intègre en permanence l'impact économique à court, moyen et long termes de ses achats, l'achat le moins onéreux n'étant pas nécessairement le plus économique pour l'entreprise, et vice versa.

4 • Identifier précocement les besoins à l'achat

La connaissance de la nature des achats de l'entreprise est fondamentale pour comprendre la problématique du demandeur et avoir une vision globale du portefeuille des achats.

Seule une connaissance préalable et précoce des besoins peut permettre à l'acheteur :
- de définir sa méthodologie d'approche du marché, voire des fournisseurs ;
- de cibler la méthode d'achat appropriée ;
- d'anticiper et d'intervenir le plus en amont possible ;
- de maîtriser le processus d'achat dans sa durée ;
- de repérer les enjeux stratégiques, les produits sensibles ;
- d'organiser son travail en se fixant des priorités ;
- d'être proactif ;
- etc.

Cette prise en compte factuelle des besoins permet à l'acheteur de se construire une démarche achats adaptée et de mettre en œuvre des actions maîtrisées, comme par exemple :
- décider des segments d'achat sur lesquels il doit s'engager prioritairement ;
- identifier les fournisseurs sur lesquels il doit focaliser son attention en termes de suivi, de gestion des risques, d'amélioration de la qualité, etc. ;

- décider de la nature des engagements contractuels à mettre en place : commandes cadencées ou programmées, commande ouverte, accord-cadre, etc. ;
- décider des leviers à mettre en œuvre ;
- etc.

5 • Maîtriser son portefeuille de fournisseurs et de prestataires

L'acheteur se doit de vérifier en permanence que les caractéristiques, capacités et performances de ses fournisseurs assurent l'adéquation optimale entre les besoins de l'entreprise et l'offre globale proposée par le marché (en termes de produits, de moyens, de performances, etc.).

En effet, les marchés évoluent, et il est possible que, pour des raisons stratégiques, financières ou techniques, ses fournisseurs actifs ne puissent ou ne veuillent pas s'adapter à l'évolution de ses besoins tandis que d'autres acteurs les pénètrent en apportant de nouvelles technologies ou une compétitivité accrue qui peuvent intéresser l'entreprise de l'acheteur.

L'acheteur peut aussi être conduit à devoir remplacer certains fournisseurs ou prestataires en raison de leurs niveaux de performance insuffisants, à en introduire de nouveaux afin de réunir les conditions d'une réelle mise en concurrence lors de ses appels d'offres futurs, voire pour satisfaire de nouveaux besoins.

L'acheteur doit veiller à disposer d'un « portefeuille fournisseurs et prestataires » adapté à ses réels besoins et si nécessaire organiser, mettre en place et planifier une démarche de sourcing et de sélection de ses futurs fournisseurs et prestataires.

6 • Recourir aux leviers fondamentaux

L'acheteur doit autant que possible utiliser et mettre en œuvre les leviers fondamentaux à sa disposition, parmi lesquels :

- **La mise en concurrence** : il s'agit pour l'acheteur de créer les conditions d'une réelle compétition entre les fournisseurs en intégrant de nouveaux acteurs lors des appels d'offres, et en utilisant toutes les opportunités des marchés, notamment en terme d'espace géographique.

- **La planification des achats** : elle consiste pour l'acheteur à consolider l'ensemble de ses besoins prévisionnels à moyen ou long terme et à les proposer aux marchés. En intégrant ainsi ces données dans leurs plans de production, les fournisseurs optimisent les coûts de production et sont par conséquent en mesure de les répercuter sur les prix de vente proposés à l'acheteur.

- **La globalisation** : elle vise à accroître la puissance d'achat afin de tirer parti des économies d'échelle. L'acheteur crée les conditions de la globalisation (massification pour certains), en réduisant le nombre de fournisseurs ou le nombre de commandes, en regroupant des produits similaires ou équivalents ou en privilégiant la mise en œuvre de contrats à moyen ou long terme, etc.

  L'effet de taille ainsi créé permet en principe au fournisseur de remettre une offre optimisée, car la vision qu'il a de sa charge de travail future, de l'emploi à terme de ses ressources humaines et matérielles, de ses approvision-nements (possibilité de globalisation vis-à-vis de ses fournisseurs) ou de ses éventuelles décisions d'investissements, lui permet d'optimiser ses coûts de production. La combinaison d'actions de globalisation et de planification peut avoir un impact significatif sur les prix d'achat.

- **La standardisation des produits** : elle consiste pour l'acheteur à susciter, auprès de ses demandeurs, l'utilisation ou le recours à des produits ou des solutions standards à la place de produits spécifiques, plus difficiles et plus onéreux à approvisionner et souvent source de dépendance.

- **L'expression fonctionnelle du besoin** : avec l'expression fonctionnelle, le demandeur exprime ses besoins en termes de fonctions à réaliser. L'expression fonctionnelle ne propose pas de solutions mais des services à rendre et, de ce fait, permet de définir le « juste nécessaire ». Elle s'applique à tous les types d'achat tels que produits industriels, prestations de services, prestations intellectuelles, etc. Le cahier des charges fonctionnel qu'elle génère laisse une large place à l'innovation.

L'expression du besoin sous forme de cahier des charges fonctionnel se traduit très souvent par des économies d'achat significatives.

- **La décomposition des prix** : elle permet à l'acheteur de comprendre et de maîtriser la dérive de prix de vente des biens et services. La connaissance des coûts décomposés est un levier très efficace à utiliser lors des négociations.

> **Lors de chacun de ses achats importants ou significatifs, l'acheteur s'interroge sur les opportunités de déploiement des leviers fondamentaux. D'autres leviers seront présentés dans le présent ouvrage.**

7 • Mettre en œuvre les méthodes et outils achat adaptés

Si la maîtrise de chacune des étapes énoncées ci-dessous contribue à l'obtention du coût d'achat le plus réduit, elle suppose aussi le recours permanent à tous les outils d'achat (1) appropriés à chacune d'entre elles :
- traitement de la demande d'achat ;
- appel d'offres ;
- comparaison des offres ;
- préparation de la négociation ;
- négociation ;
- établissement de la commande ;
- traitement et vérification de l'accusé réception de commande ;
- gestion et suivi de la commande fournisseur.

Si, bien entendu, ces pratiques doivent être considérées comme fondamentales, elles révèlent à terme leurs limites et leur seule utilisation ne permet plus alors de générer des économies aussi importantes.

L'acheteur doit alors mettre en œuvre d'autres dispositifs, d'autres pratiques afin d'atteindre de nouveaux paliers de performances.

Deuxième partie

Travailler en amont de l'achat

L'obtention d'une réelle efficacité, voire d'une efficience avérée de ses achats, implique que l'acheteur accélère et approfondisse sa démarche d'anticipation en optant pour un travail le plus en amont possible de l'achat, ce qui va lui permettre :

- de mettre en œuvre une démarche stratégique d'achat ;
- d'anticiper et traiter les risques fournisseurs ;
- d'obtenir un besoin optimisé ;
- d'optimiser son panel de fournisseurs et prestataires.

Ces quatre points constituent l'objet de cette partie.

Chapitre 1

METTRE EN ŒUVRE UNE DÉMARCHE STRATÉGIQUE D'ACHAT

La politique achat de l'entreprise précise les axes et orientations généraux que l'acheteur doit prendre en compte sur une période donnée et lui fixe des objectifs à réaliser. Année après année, ces objectifs peuvent s'avérer de plus en plus exigeants ou ambitieux et par conséquent nécessitent la mise en œuvre de réelles stratégies achats, c'est-à-dire un ensemble d'actions prenant en compte toutes les dimensions de l'achat tant en interne qu'en externe tels :

- les rapports de force existants entre les offreurs et les demandeurs d'un marché ;
- la nature de l'environnement économique ;
- les contraintes que son entreprise lui impose (peu ou pas de puissance d'achat, imposition de fournisseurs ou de produits, etc.) ;
- etc.

Compte tenu des spécificités de chaque domaine d'achat, telles matières premières, fournitures générales, prestations de conseil ou de formation, sous-traitance industrielle, etc., et des caractéristiques différentes des marchés qui fournissent ces différents domaines, la stratégie de l'acheteur ne peut pas être globale.

Il doit donc « personnaliser » la façon dont il va s'y prendre ; autrement dit, il doit élaborer des stratégies différentes et différenciées pour chacun de ces domaines d'achats. L'élaboration de ces stratégies s'effectue dans le cadre d'une approche dite « marketing achat », qui, par une démarche rationnelle de connaissance tant des besoins de son entreprise que des marchés, va permettre à l'acheteur la mise en œuvre d'actions pertinentes et cohérentes.

Cette démarche stratégique consiste en la recherche de l'adéquation optimale entre les besoins de l'entreprise et les possibilités des marchés fournisseurs. Elle se décompose en neuf étapes.

- Étape 1 : segmentation des achats.
- Étape 2 : analyse quantitative des besoins.
- Étape 3 : identification et évaluation des contraintes internes d'achat.
- Étape 4 : élaboration et analyse de la matrice des activités.
- Étape 5 : étude du marché de référence.
- Étape 6 : analyse des contraintes de marché.
- Étape 7 : synthèse de l'analyse stratégique.

- Étape 8 : élaboration des stratégies achats.
- Étape 9 : mise en place et suivi du plan d'action stratégique.

Étape 1 • La segmentation des achats

La segmentation des achats vise à découper les besoins de l'entreprise en classes d'achats, souvent appelées familles, domaines ou segments d'achats. L'efficacité de la démarche stratégique dépend en grande partie de cette segmentation.

Un segment d'achats est un ensemble homogène de produits (biens ou services), représenté par un marché fournisseurs spécifique pour lequel il est possible de formuler une stratégie d'achat appropriée.

En général, les achats de l'entreprise sont naturellement découpés en grandes fonctions génériques, voire en classes fonctionnelles.

Exemple de classification fonctionnelle :
Matières premières, composants de production, équipements de production, sous-traitance, frais de fonctionnement, prestations de services, prestations intellectuelles, etc.

Il convient ensuite, au sein de chacune de ces classes, de regrouper les produits par métier, technique, technologie, filière, destination, etc., et cela afin de constituer des univers homogènes.

Exemples :
Des composants de production pourront être segmentés en composants électroniques, composants mécaniques, composants électriques, etc.
Des prestations intellectuelles pourront être segmentées en ingénierie, formation, conseil, communication, événementiel, etc.

Enfin, et si cela est nécessaire (absence d'homogénéité entre les produits), l'acheteur affine la segmentation obtenue précédemment en procédant à une nouvelle classification (sous-segments).

Exemple :
Des composants de production électroniques peuvent être classés en composants logiques ou analogiques, mémoires, microprocesseurs, composants actifs, composants passifs, connecteurs, etc.

L'acheteur s'assure que la segmentation réalisée est pertinente et homogène. Un segment homogène est constitué par un ensemble, aussi large que possible, de produits (biens ou services) homogènes en termes de technologie, de sources, de risques ou de contraintes d'achat. Ces produits sont en général caractérisés par un comportement identique des fournisseurs (ou prestataires) sur le marché tandis que le marché de l'offre de chacun des produits du segment a très souvent les mêmes caractéristiques géographiques.

Ainsi, un segment « composants électriques » (câbles, disjoncteurs, etc.) au sein duquel se trouveraient des automates programmables, ne constituerait vraisemblablement pas un segment homogène dans la mesure où ce type de produits (et à condition que son volume d'achat soit significatif dans le segment) requiert une technicité non exigée pour les autres produits du segment ou n'est pas nécessairement commercialisé par le même canal de vente.

Après avoir étudié le marché (cf. étape 5 p. 31), l'acheteur peut être amené à regrouper certaines segments afin d'améliorer la représentativité du portefeuille ou à en découper plus finement d'autres afin de mieux coller à un marché donné.

Étape 2 • L'analyse quantitative des besoins

Pour chacun des segments et sous-segments recensés, l'acheteur évalue le volume des achats réalisés sur l' (ou les) année(s) précédente(s), puis procède à une « analyse Pareto » des segments, de façon à les hiérarchiser et à pouvoir repérer les grandes masses d'achats de son portefeuille.

L'analyse Pareto lui permet de mettre en exergue trois catégories de segments : A, B et C.

A	Les 20 % de segments qui représentent 80 % du montant total du portefeuille
B	Les 30 % de segments qui représentent 15 % du montant total du portefeuille
C	Les 50 % de segments qui représentent 5 % du montant total du portefeuille

À ce stade de l'analyse, l'acheteur peut déjà repérer les segments susceptibles de constituer des zones d'enjeux pour ses achats :

- soit parce qu'ils sont stratégiques pour le « core business » de son entreprise, en termes d'impact sur sa compétitivité ou d'avantage concurrentiel ;
- soit parce que leurs volumes d'achat constituent un fort gisement d'économies pour son portefeuille.

Tous les segments considérés comme « importants » par l'acheteur constituent (au minimum) l'objet de la démarche stratégique développée jusqu'à la fin de ce chapitre.

Étape 3 • L'identification et l'évaluation des contraintes internes d'achat

Les contraintes internes d'achat sont des freins que s'impose l'entreprise ou l'acheteur (ou que peut subir l'acheteur). Elles peuvent être de natures technique, commerciale, logistique, organisationnelle ou liées au service, au marché aval, etc., comme par exemple :

- **Contraintes de nature technique**
  - cahiers des charges fermés ou incomplets ;
  - lenteur ou lourdeur du processus d'homologation ;
  - fortes exigences quant à la qualité du produit à acheter ;
  - fréquence importante des modifications techniques par les demandeurs ;
  - produit imposé par le donneur d'ordre ;
  - etc.

- **Contraintes de nature commerciale**
  - fournisseur imposé par le demandeur ;
  - délais trop courts de la part des demandeurs ;
  - prix d'achat imposé ;
  - etc.

- **Contraintes d'organisation des achats**
  - règles imposées par la politique d'achat ;
  - organisation achats inadaptée ;
  - insuffisance de la communication interne ;
  - multiples interlocuteurs chez les fournisseurs ;
  - mauvaise connaissance du marché de l'offre de la part de l'acheteur ;
  - etc.

- **Contraintes de nature logistique**
  - manque de prévisions ;
  - absence de regroupement des besoins ;
  - éloignement géographique des fournisseurs actifs ;
  - etc.

- **Contraintes administratives et financières**
  - conditions de paiement exigeantes ;
  - santé financière délicate de l'entreprise ;
  - faible puissance d'achat ;
  - lourdeur administrative ;
  - etc.

Cette étape a pour objet de recenser les contraintes internes d'achat de chaque segment puis de quantifier leur intensité.

Recensement des contraintes internes d'achat

L'acheteur recense d'abord l'ensemble des contraintes internes d'achat du segment et les reporte sur la « grille d'évaluation des contraintes internes d'achat » (cf. exemple ci-après).

Quantification de l'intensité des contraintes

L'acheteur évalue ensuite le niveau de gêne que chacune des contraintes a sur l'achat, en le quantifiant suivant le barème ci-après.
Note 1 : la contrainte est un peu gênante pour l'achat.
Note 2 : la contrainte est parfois gênante pour l'achat.
Note 3 : la contrainte est plutôt gênante pour l'achat.
Note 4 : la contrainte est source de difficultés majeures pour l'achat.
Note 5 : la contrainte est bloquante pour l'achat.

L'acheteur évalue l'intensité de la contrainte sans tenir compte des aspects liés au marché fournisseurs et ne prend donc en compte que les données internes.

Après avoir reporté ces résultats sur la « grille d'évaluation des contraintes internes d'achat », l'acheteur calcule l'intensité moyenne des contraintes du segment, à savoir *« Total des intensités estimées pour chaque contrainte/Nombre de contraintes »*, le résultat étant à son tour divisé par 5 de façon à obtenir une note sur 1 (cf. exemple dans la grille ci-dessous).

<table>
<tr><th colspan="8">Grille d'évaluation des contraintes internes d'achat</th></tr>
<tr><td>Segment d'achat :</td><td colspan="7"></td></tr>
<tr><td>CA du segment :
Date d'évaluation :</td><td colspan="7">Nom et visa de l'acheteur évaluant :</td></tr>
<tr><td>Nature des contraintes :</td><td>1</td><td>2</td><td>3</td><td>4</td><td>5</td><td>Note</td><td>Commentaires</td></tr>
<tr><td>Cahier des charges fermé</td><td></td><td>X</td><td></td><td></td><td></td><td>2</td><td></td></tr>
<tr><td>Règles et procédures imposées par la politique achat</td><td></td><td></td><td>X</td><td></td><td></td><td>3</td><td></td></tr>
<tr><td>Absence de regroupement des besoins</td><td></td><td></td><td></td><td></td><td>X</td><td>5</td><td></td></tr>
<tr><td>Multiplicité des interlocuteurs chez les fournisseurs</td><td></td><td></td><td>X</td><td></td><td></td><td>3</td><td></td></tr>
<tr><td>Conditions de règlement exigeantes</td><td></td><td>X</td><td></td><td></td><td></td><td>2</td><td></td></tr>
<tr><td>Lenteur du processus d'homologation des nouveaux produits</td><td></td><td></td><td></td><td>X</td><td></td><td>4</td><td></td></tr>
<tr><td></td><td></td><td></td><td></td><td></td><td></td><td></td><td></td></tr>
<tr><td></td><td></td><td></td><td></td><td></td><td></td><td></td><td></td></tr>
<tr><td colspan="6">Total des contraintes</td><td>19</td><td></td></tr>
<tr><td colspan="6">Intensité moyenne des contraintes =
Total des contraintes/Nombre de contraintes/5</td><td>0,63</td><td></td></tr>
</table>

Étape 4 • L'élaboration et l'analyse de la matrice des activités

Cette étape se décompose en trois phases.

- Phase 1 : élaboration de la « matrice des activités ».
- Phase 2 : analyse et lecture de la matrice des activités.
- Phase 3 : identification de pistes de réduction des contraintes internes.

Phase 1 ■ Élaboration de la matrice des activités

La matrice (cf. ci-dessous) que l'acheteur va élaborer constitue une première synthèse des analyses réalisées précédemment.

Elle permet à l'acheteur de visualiser son portefeuille en prenant en compte, pour chacun des segments retenus :

- d'une part, l'intensité moyenne des contraintes internes d'achat calculée à l'étape précédente. L'intensité moyenne est placée en « abscisse » sur une échelle de 0 à 1 *(0,63 dans l'exemple précédent)* ;
- d'autre part, son poids en termes de volume d'achat annuel. Le volume d'achat estimé à l'étape 2 est placé en « ordonnée » sur une échelle de 0 à 1. Pour cela, il convient d'attribuer l'indice 1 au segment générant le volume d'achat le plus important et de déterminer ensuite la valeur relative des suivants.

> ***Exemple :***
> *Si le segment le plus important en volume d'achat est de 3 millions d'euros et que les suivants immédiats représentent 1,8 et 1,1 millions d'euros, leurs indices seront respectivement de 0,6 et 0,37, et ainsi de suite.*

L'acheteur place le segment à l'intersection des deux indices retenus (cf. exemple de matrice des activités ci-dessous) tandis que la matrice est divisée en quatre grandes parties appelées « positions » : achats simples, achats à risques, achats lourds et achats stratégiques.

Exemple de matrice des activités (1)

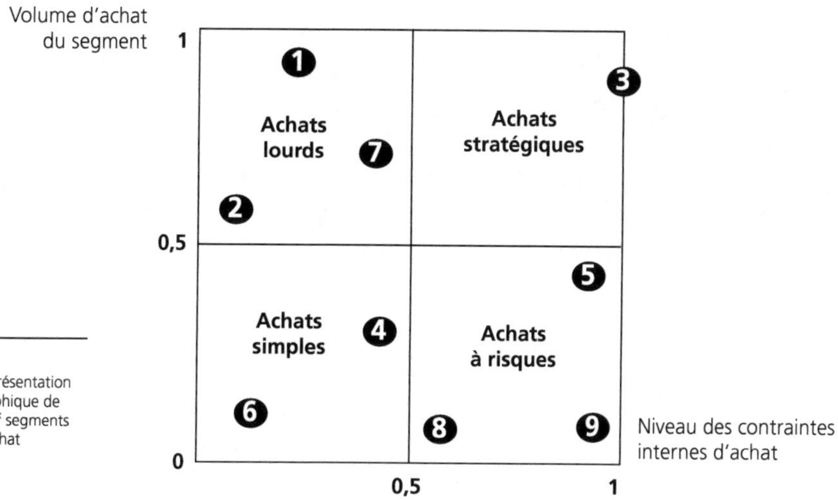

(1) Représentation graphique de neuf segments d'achat

Il est possible qu'un nombre important de segments apparaisse dans la même position. Dans ce cas, la matrice perd de son intérêt. Afin d'en faciliter l'interprétation, l'acheteur doit alors procéder à un déplacement de l'origine en affectant par exemple l'indice 0 au segment générant le plus faible volume d'achat, puis en repositionnant les segments par rapport à cette nouvelle origine.

Phase 2 ■ Analyse et lecture de la matrice des activités

L'acheteur peut alors procéder à une première lecture de son portefeuille, chacune des quatre positions se caractérisant globalement ainsi.

- **Segments placés en achats simples** : du fait des faibles contraintes et du niveau peu élevé des volumes à acheter, les risques à l'achat sont faibles. Pour ces segments, l'acheteur doit surtout chercher à minimiser les ressources qu'il leur consacrera, en termes de temps, de moyens, etc.

- **Segments placés en achats lourds** : si les volumes achetés sont élevés, les contraintes internes ne sont pas pesantes, ce qui laisse d'importantes marges de manœuvre à l'acheteur, quant à la mise en œuvre des leviers achats.

- **Segments placés en achats à risques** : les segments identifiés dans cette position se caractérisent par de fortes contraintes internes, ce qui minimise les marges de manœuvre de l'acheteur.

- **Segments placés en achats stratégiques** : ces segments, caractérisés par des engagements financiers forts et des contraintes internes importantes, constituent les réelles zones d'enjeux pour l'acheteur.

Le principal objectif de l'acheteur consiste à faire évoluer les segments d'achats vers la position « achats simples » ; autrement dit, il s'agit de prendre toutes les dispositions permettant de réduire le plus possible l'impact des contraintes internes d'achats.

Phase 3 ■ Identification de pistes de réduction des contraintes internes

L'acheteur détermine les segments sur lesquels il doit agir en priorité puis identifie, pour chacun d'entre eux, les actions envisageables pour réduire l'intensité des contraintes internes d'achat, voire pour les supprimer. Ces actions peuvent soit le concerner directement (ne serait-ce que par la remise en cause de ses pratiques), soit impliquer les demandeurs, ce qui va supposer de leur « vendre » des solutions, préconisations et recommandations et de dialoguer avec eux.

Exemples d'actions possibles :

- *Sensibilisation des demandeurs quant à l'impact des contraintes internes.*
- *Mise en place de groupes de travail afin d'étudier les opportunités de standardisation.*
- *Recours à l'expression fonctionnelle des besoins ou à l'analyse de la valeur.*
- *Mise en place de procédures spécifiques d'achat.*
- *Simplification du processus d'homologation des fournisseurs.*
- *Intégration de l'acheteur dans la phase d'élaboration des cahiers des charges.*
- *Mise en place de prévisions des besoins achats, amélioration des processus de planification.*
- *Etc.*

L'acheteur intègre le fait que si certaines actions conduisent rapidement à des résultats tangibles, d'autres, au contraire, demanderont du temps et de la ténacité parce qu'elles remettent en cause des habitudes, des pratiques, etc.

L'acheteur reporte les pistes d'actions envisageables sur une « fiche d'analyse stratégique de segment » (rubrique « synthèse de l'analyse de la matrice des activités »), à créer pour chaque segment d'achat retenu comme stratégique (cf. exemple de « Fiche d'analyse stratégique de segment » ci-après).

Pour chaque segment, et en vue de l'étape 7 (Synthèse de l'analyse stratégique), l'acheteur calcule l'indice de complexité interne iCI résultant de la formule : (indice de volume d'achat + indice d'intensité des contraintes internes)/2.

Fiche d'analyse stratégique de segment			
Segment d'achat		Volume d'achat/an	
Nom de l'acheteur		Date de création	
1. Synthèse de l'analyse de la matrice des activités			Date de réalisation :
Diagnostic global			
Actions envisageables pour la réduction des contraintes internes			
2. Synthèse de l'étude du marché			Date de réalisation :
Éléments caractéristiques du marché/Diagnostic sur le marché			
Forces identifiées			
Faiblesses recensées			
Opportunités à saisir			
Menaces et risques potentiels			
3. Synthèse de l'analyse des contraintes de marché			Date de réalisation :
Diagnostic			
Actions envisageables de réduction des contraintes techniques			
Actions envisageables de réduction des contraintes commerciales			
4. Synthèse de l'analyse stratégique			Date de réalisation :
Diagnostic global			
Actions stratégiques à mettre en place			

Étape 5 • L'étude du marché de référence

Pour chacun des segments retenus lors de l'étape précédente, l'acheteur procède à l'étude de leur marché, dit « marché de référence ».

L'étude de marché ne doit pas viser à une analyse exhaustive de celui-ci, mais plutôt à recueillir des informations permettant à l'acheteur :
- d'analyser l'intensité des rapports de force entre l'offre et la demande ;
- d'identifier les menaces et opportunités ;
- d'évaluer les forces et faiblesses de son entreprise par rapport à ce marché ;
- etc.

L'analyse du marché fournisseurs (ou prestataires) se déroule en 5 phases :
- Phase 1 : analyse de l'offre.
- Phase 2 : analyse de la demande.
- Phase 3 : identification d'éventuels flux perturbateurs sur le marché.
- Phase 4 : diagnostic du marché.
- Phase 5 : identification des forces, faiblesses, menaces et opportunités.

L'analyse des marchés suppose que l'acheteur dispose et maîtrise les moyens de collecte des informations, celles-ci pouvant être obtenues via :
- les médias : presse généraliste (technique, économique ou financière) ou presse spécialisée ;
- les études de marché disponibles ;
- les actions de benchmarking ;
- les réseaux personnel et professionnel de l'acheteur ;
- les clubs d'acheteurs ;
- les rencontres de fournisseurs, de concurrents à l'achat (ceux de secteurs non concurrents) ;
- les chambres de commerce et d'industrie ;
- Internet ;
- etc.

Dans le chapitre « Optimiser son panel de fournisseurs et prestataires » (p. 85) nous trouverons une liste plus complète de sources d'informations.

Phase 1 ■ Analyse de l'offre

L'offre est constituée par l'ensemble des fournisseurs (ou prestataires) susceptibles de satisfaire les besoins de l'acheteur. L'analyse de l'offre a pour objet de recueillir un certain nombre d'informations permettant de la caractériser, de comprendre les mécanismes qui la régissent, d'identifier les tendances lourdes et les évolutions qui s'y dessinent, etc. Bien que la liste ci-dessous ne soit pas exhaustive, les principaux points que l'acheteur peut analyser sont les suivants.

- Taille du marché : *marché international, national ou local.*
- Taux de croissance du marché : *croissance, stagnation, décroissance*
- Niveau de maturité de l'offre : *développement, croissance, maturité, déclin, etc.*
- Niveau de la concurrence sur le marché : *nombre, taille des concurrents, etc.*
- Nature de l'offre : *concentrée (peu d'entreprises) ou atomisée (existence d'un nombre suffisant d'acteurs permettant d'organiser des mises en concurrence), ententes présumées, etc.*
- Parts de marché des principaux acteurs : *présence d'entreprises leaders et de challengers, présence d'entreprises émergentes, etc.*
- Santé financière des principaux fournisseurs.
- Niveaux de performances économiques des principaux acteurs du marché
- Niveau d'investissement moyen du secteur *(y compris la propension à l'investissement).*
- Niveau d'utilisation des capacités de production du marché.
- Obstacles à l'entrée ou à la sortie d'un fournisseur :
  - *l'entrée facile d'un nouveau concurrent est une opportunité pour un acheteur ;*
  - *l'accès difficile à un marché (du fait, par exemple, de l'ampleur des ressources capitalistiques à mobiliser, de la nécessité d'agréments des pouvoirs publics, etc.) ou la disparition d'un acteur non remplaçable sur un marché difficile d'accès sont autant de menaces pour l'acheteur.*

Phase 2 ■ Analyse de la demande

La demande est constituée par l'ensemble des acheteurs susceptibles de s'intéresser à ce marché.
Ce sont les concurrents à l'achat de l'acheteur. Ils peuvent être issus du même secteur d'activité ou de secteurs d'activités différents.

L'acheteur analyse les principales caractéristiques de la demande globale en s'intéressant à l'examen des points suivants.

- Nature des concurrents à l'achat : *français, européens, mondiaux ? D'un même secteur ou de secteurs d'activités différents ?*
- Nature de la demande : *concentrée ou dispersée ? Du même secteur d'activité ou de secteurs différents ?*
- Puissance relative des concurrents à l'achat : *présence d'un leader à l'achat.*
- Niveau et évolution de la demande : *croissance, stagnation, décroissance.*
- Etc.

Phase 3 ■ Identification d'éventuels flux perturbateurs sur le marché

L'acheteur recense ensuite les événements susceptibles de perturber ou d'infléchir le fonctionnement du marché, tels que :

- l'entrée de nouveaux acteurs, tant fournisseurs que concurrents à l'achat ;
- l'introduction de produits de substitution ;
- des modifications du cadre réglementaire tels lois, normes, agréments, etc., dont la mise en place peut générer des tensions sur les marchés ;
- etc.

Phase 4 ■ Diagnostic du marché

L'ensemble des éléments recueillis permet à l'acheteur de porter un diagnostic sur le niveau et l'intensité des rapports de force entre les offreurs et les demandeurs de ce marché. Pour cela, il prend simultanément en compte :

- les caractéristiques de l'offre ;
- les caractéristiques de la demande ;
- les éventuels flux perturbateurs recensés.

Suivant les marchés analysés, l'acheteur diagnostiquera, par exemple :

- qu'il y a équilibre entre l'offre et de la demande (marché dit concurrentiel) du fait de l'atomicité tant de l'offre que de la demande, de l'équilibre entre les volumes offerts et les volumes demandés ;
- que le marché est favorable aux offreurs de par :
    - *l'existence d'un monopole : l'offre étant représentée par une seule entreprise,*
    - *l'existence d'un oligopole : l'offre étant constituée de fournisseurs en nombre*

réduit ou caractérisée par la présence de deux ou trois leaders face à une demande atomisée ; cette situation défavorable pourrait être néanmoins atténuée si la demande globale fléchissait ;

– que le marché est favorable aux demandeurs de par :
  - *l'existence d'un oligopsone : la demande étant représentée par quelques acheteurs,*
  - *l'existence de capacités de production sous-utilisées ou d'une offre pléthorique, cette situation favorable étant atténuée si l'acheteur ne figure pas parmi les leaders à l'achat.*

Il appartient bien entendu à l'acheteur d'apprécier le caractère structurel ou conjoncturel des tendances constatées avant de porter un diagnostic définitif sur le marché mais aussi de continuer à veiller sur ce marché afin d'y repérer des événements ou mouvements ultérieurs susceptibles d'en modifier les équilibres.

L'acheteur consigne les points clés de son diagnostic sur la « Fiche d'analyse stratégique de segment » (rubrique « Synthèse de l'étude de marché »).

Phase 5 ■ Identification des forces, faiblesses, menaces et opportunités

Après avoir porté son diagnostic sur le marché, l'acheteur identifie successivement :

– Les **forces et les faiblesses** de son entreprise (ou de son segment d'achat) par rapport au marché étudié.

> ***Exemples de forces :*** *puissance d'achat en hausse, forte notoriété, etc.*
> ***Exemples de faiblesses :*** *puissance d'achat en baisse alors que la demande continue à s'accroître sur le marché du segment, santé financière précaire, etc.*

– Les **menaces ou risques** que ce marché fait peser sur le segment.

> ***Exemples de menaces :*** *risques de tension forte sur les prix eu égard à des instabilités géopolitiques, risques de difficulté d'approvisionnements, risque de déséquilibre du marché du fait de l'émergence de nouveaux demandeurs à fort potentiel, risques d'entente des fournisseurs, etc.*

– Les **opportunités** que l'acheteur pourrait saisir.

__Exemples d'opportunités :__ arrivée de nouveaux fournisseurs sur le marché, apparition de capacités de production structurellement excédentaires, etc.

L'acheteur renseigne la « Fiche d'analyse stratégique de segment » des forces, faiblesses, menaces, risques et opportunités répertoriés.

Lors de l'élaboration de ses stratégies (cf. point 8 ci-après), il les prendra en compte de façon à :
- s'appuyer sur les forces ;
- réduire les faiblesses ;
- saisir et exploiter les opportunités ;
- gérer au mieux les risques et menaces.

Étape 6 • L'analyse des contraintes de marché

Cette étape a pour objet de recenser et d'évaluer les contraintes que le marché de l'offre fait peser sur le segment analysé, et cela de façon à pouvoir définir ultérieurement une stratégie adaptée aux risques et aux contraintes du marché des fournisseurs.

Les contraintes externes correspondent aux freins que le marché exerce sur les achats de l'entreprise, ces contraintes étant principalement d'origine technique ou commerciale. Il est clair, par exemple, qu'avec :
- *une homogénéité des solutions techniques proposées par les fournisseurs,*
- *une durée de vie longue ou très longue des produits,*
- *des techniques de fabrication stables et durables,*

le marché sera peu complexe et donc peu contraignant pour l'acheteur et inversement. C'est ce que l'acheteur doit appréhender au cours de cette étape.

L'analyse des contraintes de marché se décompose en cinq phases.
- Phase 1 : évaluation et quantification des contraintes externes techniques.
- Phase 2 : évaluation et quantification des contraintes externes commerciales.
- Phase 3 : élaboration de la matrice des marchés.
- Phase 4 : analyse et lecture de la matrice des marchés.
- Phase 5 : synthèse de l'analyse des contraintes de marché.

Phase 1 ■ Évaluation et quantification des contraintes externes techniques

L'acheteur procède à l'identique de ce qui a été fait lors de la phase de recensement et d'évaluation des contraintes internes d'achat (cf. étape 3 du présent chapitre), à savoir :
a) recensement des contraintes externes techniques ;
b) quantification de leur impact sur l'achat.

Exemples de contraintes externes techniques :
Absence d'équivalence, de normes, de standards.
Absence de stabilité des technologies mises en œuvre.
Hétérogénéité des techniques de production utilisées par les fournisseurs.
Durée de vie courte des produits.
Existence d'un monopole technologique.
Hétérogénéité des offres techniques.
Faible maîtrise de la technologie par les fournisseurs.
Réglementation contraignante.
Etc.

L'acheteur reporte les contraintes recensées ainsi que leur niveau d'impact dans la « *grille d'évaluation des contraintes de marché* » (cf. exemple de grille ci-après). Il calcule ensuite l'intensité moyenne des contraintes externes techniques ***iCET*** = « *Total des contraintes/Nombre de contraintes* », le résultat étant divisé par 5 de façon à obtenir une note de 0 à 1.

Phase 2 ■ Évaluation et quantification des contraintes externes commerciales

L'acheteur recense puis quantifie (en terme d'impact sur l'achat) les contraintes externes commerciales de façon à apprécier le niveau de complexité commerciale du marché.

Exemples de contraintes externes commerciales :
Entente présumée des fournisseurs sur le marché.
Présence d'un monopole ou d'un oligopole.
Législation contraignante.
Faible niveau de performances des fournisseurs.
Éloignement géographique des fournisseurs.

Faible capacité de production.
Faible rentabilité des fournisseurs.
Etc.

L'acheteur reporte les données sur la « grille d'évaluation des contraintes de marché » (cf. grille ci-après) puis calcule ensuite l'intensité moyenne des contraintes externes commerciales « iCEC = Total des contraintes/Nombre de contraintes », ce résultat étant divisé par 5 de façon à obtenir une note de 0 à 1.

Grille d'évaluation des contraintes de marché							
Segment d'achat :							
CA du segment : **Date d'évaluation :**	**Nom et visa de l'acheteur évaluant :**						
Contraintes externes techniques							
Nature des contraintes	**1**	**2**	**3**	**4**	**5**	**Note**	**Commentaires**
Technologie à évolution rapide			X			3	
Technologie maîtrisée par peu de fournisseurs			X			3	
Absence de produits équivalents					X	5	
Total des contraintes						11	
Intensité moyenne des contraintes externes techniques iCET Total/Nombre de contraintes/5						**0,73**	

Contraintes externes commerciales							
Nature des contraintes	**1**	**2**	**3**	**4**	**5**	**Note**	**Commentaires**
Spéculation sur le marché		X				2	
Entente manifeste des producteurs (pénurie de l'offre)					X	5	
Flexibilité du marché					X	5	
Éloignement géographique des fournisseurs			X			3	
Total des contraintes						15	
Intensité moyenne des contraintes externes commerciales iCEC Total/Nombre de contraintes/5						**0,75**	
Indice de complexité des marchés iCM = (iCET + iCEC)/2						**0,74**	

Phase 3 ■ Élaboration de la matrice des marchés

L'acheteur élabore la matrice des marchés (cf. matrice ci-dessous) en plaçant chacun des segments à l'intersection de :

- l'intensité moyenne des contraintes externes commerciales iCEC portée en « abscisse » de la matrice ;
- l'intensité moyenne des contraintes externes techniques iCET portée en « ordonnée » de la matrice, celle-ci étant par ailleurs divisée en quatre grands types de marchés : placides, techniques, commerciaux et turbulents.

Exemple de matrice des marchés (1)

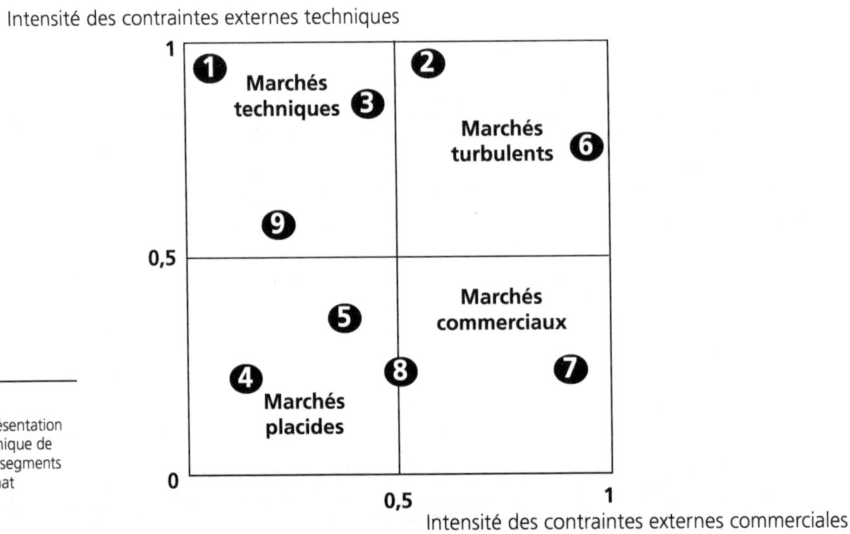

(1) Représentation graphique de neuf segments d'achat

L'acheteur calcule ensuite l'indice de complexité des marchés iCM qui résulte de la formule (iCET + iCEC)/2 ; cet indice sera utilisé lors de la synthèse de l'analyse stratégique (étape 7 du présent chapitre).

Phase 4 ■ Analyse et lecture de la matrice des marchés

À ce stade, l'acheteur peut faire une première lecture quant à la position de ses segments d'achats, chacune des positions se caractérisant globalement ainsi.

- **Segments sur des marchés placides** : ces segments d'achats sont positionnés sur des marchés qui permettent de faire jouer la concurrence dans la mesure où ils se caractérisent généralement par :

- une certaine homogénéité des offres tant sur le plan commercial que technique ;
- un faible degré de spécialisation des fournisseurs ou des prestataires ;
- une relative stabilité des technologies mises en œuvre ;
- une durée de vie des produits plutôt longue ;
- une offre commerciale plutôt large ;
- un marché plutôt stable ;
- peu de flux perturbateurs ;
- etc.

▪ **Segments sur des marchés techniques** : ces segments d'achats se positionnent sur des marchés principalement caractérisés par :
- une instabilité des technologies utilisées ;
- une durée de vie de produits plutôt courte (produits rapidement obsolètes) ;
- une offre commerciale néanmoins plutôt ouverte qui permet de faire jouer la concurrence. Cela étant, l'hétérogénéité des solutions techniques ne facilite pas la comparaison des offres ;
- etc.

▪ **Segments sur des marchés commerciaux** : pour ces segments d'achats, la contrainte majeure réside dans la difficulté à stimuler la concurrence dans la mesure où ces marchés sont instables, versatiles, voire lointains.

▪ **Segments sur des marchés turbulents** : avec ces segments, l'acheteur est confronté aux difficultés conjuguées des marchés techniques et des marchés commerciaux.

L'objectif de l'acheteur est de faire évoluer les segments les plus exposés vers des positions moins risquées.

Phase 5 ■ Synthèse de l'analyse des contraintes de marché

L'acheteur recense et évalue les actions à mettre en œuvre pour réduire l'impact des contraintes de marché tant techniques que commerciales.

▪ Réduction de l'impact des contraintes techniques

L'acheteur étant contraint, d'une part, par l'instabilité technique et, d'autre part, par l'existence d'une offre hétérogène, il lui faut donc localiser et repérer sur le marché le groupe de fournisseurs suffisamment homogène du point de vue technologique et/ou technique, et en même temps capable de satisfaire la nature de ses besoins en termes de fiabilité, de pérennité, de compétitivité, etc. ; autrement dit, l'acheteur définit la typologie fournisseurs la mieux adaptée à son besoin. En déterminant les critères clés de cette typologie tels que la taille et la structure de l'entreprise, son type ou son niveau d'équipements, son savoir-faire, son éloignement optimal, les technologies ou techniques requises (ce qui suppose des choix techniques ou technologiques préalables effectuées avec les demandeurs), etc.

L'ensemble des fournisseurs répondant à cette typologie constituera le « marché de référence technique » du segment.

- **La réduction du niveau des contraintes commerciales**

Face aux fortes contraintes commerciales qui l'empêchent de faire jouer la concurrence, l'acheteur doit chercher à ouvrir, voire à élargir, son marché au niveau géographique ou technique ; autrement dit, il lui faut recenser tous les fournisseurs (ou prestataires) potentiellement capables de fournir le segment d'achat considéré, et cela dans l'espace géographique considéré comme viable en terme de coût global.

Par ses actions, l'acheteur se crée les conditions futures d'une mise en concurrence acceptable tout en visant à se constituer un marché de référence commercial le plus petit et le moins éloigné possible.

La plupart des décisions envisagées lors de cette étape conduiront vraisemblablement l'acheteur à une démarche de sourcing, celle qui lui permettra de renforcer son « panel fournisseurs et prestataires » avec des acteurs dont les possibilités et les potentialités seront en rapport avec les objectifs stratégiques qu'il poursuit.

La démarche de sourcing est présentée dans le chapitre « Optimiser son panel de fournisseurs et prestataires », p. 85.

L'acheteur reporte ses conclusions sur la « Fiche d'analyse stratégique du segment » (rubrique « Synthèse de l'analyse des contraintes de marché »).

Étape 7 • La synthèse de l'analyse stratégique

Cette étape est celle qui permet à l'acheteur de synthétiser l'ensemble des différentes données collectées depuis le début de l'analyse stratégique. Elle se décompose en trois phases.
- Phase 1 : élaboration de la matrice des achats.
- Phase 2 : analyse et lecture de la matrice des achats.
- Phase 3 : diagnostic stratégique.

Phase 1 ■ Élaboration de la matrice des achats

L'acheteur élabore la « matrice des achats » (cf. figure ci-dessous) qui prend en compte et combine la complexité interne des achats et les contraintes de marché. Pour cela, il positionne chacun des segments étudiés à l'intersection de :
- l'indice de complexité interne **iCI** (cf. étape 4 du présent chapitre) porté en « ordonnée » de la matrice ;
- l'indice des contraintes de marché **iCM** (cf. étape 6 du présent chapitre), porté en « abscisse » de la matrice, celle-ci étant divisée en quatre positions : achats simples, externes, internes et difficiles.

L'acheteur représente les segments sous forme d'un cercle dont le rayon est proportionnel au volume d'achat du segment (en valeur).

Exemple de matrice des achats (1)

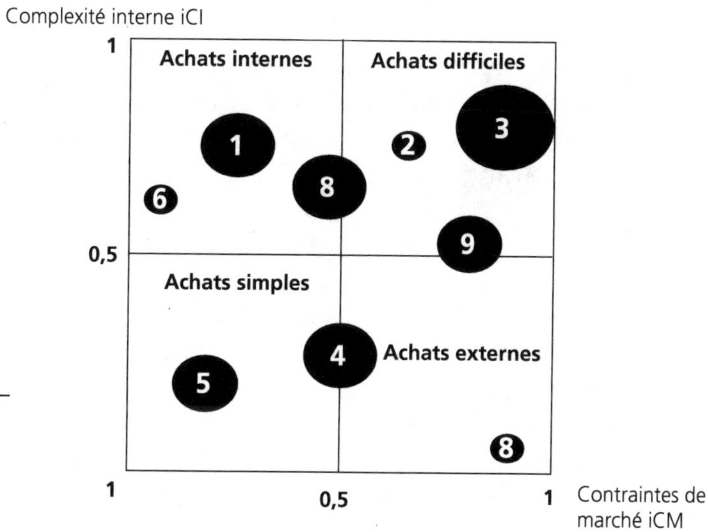

(1) Représentation graphique de neuf segments d'achat

Phase 2 ■ Analyse et lecture de la matrice des achats

À travers la lecture de la matrice, l'acheteur peut tirer de premiers enseignements quant à la position du segment sur la matrice, chacune des positions présentant les caractéristiques générales suivantes.

- **Segments en « achats simples »**

Il s'agit souvent de segments correspondant aux approvisionnements courants. Soumis à peu de contraintes, ces segments d'achats présentent en général peu de risques particuliers et nécessitent peu de surveillance.

Avec de tels segments, l'acheteur doit, le plus possible, faire jouer la concurrence. Les achats de ces segments peuvent être délégués aux demandeurs (en mettant par exemple en place des accords-cadres) ou faire l'objet de procédures d'achat simplifiées.

- **Segments en « achats internes »**

Ce sont des segments sur lesquels les principales contraintes sont d'origine interne, avec en général peu de sources d'approvisionnement (fournisseur imposé par exemple) ou/et peu de produits de substitution (produit ou solution imposé, lenteur du processus d'homologation de nouveaux produits, etc.). De ce fait, ces secteurs sont porteurs de vulnérabilités quant à la fiabilité des produits et des livraisons, voire la pérennité des approvisionnements.

L'acheteur doit chercher à réduire ces contraintes, voire à les supprimer en recourant par exemple à la standardisation, à la remise en cause d'habitudes ou de pratiques internes, à l'expression fonctionnelle du besoin, etc., de façon à ouvrir son marché fournisseurs.

En règle générale, la mise en œuvre de ce type d'action de modifications exige du temps (changement des habitudes et des pratiques, besoin d'homologation, etc.) avant que l'on puisse constater des effets significatifs.
L'acheteur doit donc, dans l'intervalle, assurer la qualité et la pérennité des approvisionnements. Pour cela, il met en place les outils lui permettant de maîtriser ses approvisionnements à court terme, tels que : planification prévisionnelle des besoins, contrats à moyen ou long terme, suivi des performances des fournisseurs à risque, audits des fournisseurs, mise en place de plans de progrès, etc.).

- **Segments en « achats externes »**

Sur ces segments d'achat, l'offre se caractérise par l'existence de nombreuses sources et présente de nombreuses possibilités de substitution de produits.

L'acheteur peut et doit exploiter toutes les opportunités du marché en optimisant sa puissance d'achat (étude de globalisation préalable) et en élargissant son marché d'un point de vue géographique.

La maîtrise des segments « achats externes » suppose de la part de l'acheteur une connaissance très fine de ses marchés fournisseurs (veille permanente), un sourcing élargi et une optimisation de sa puissance d'achat.

- **Segments en « achats difficiles »**

Ces segments d'achats sont critiques pour l'entreprise et limitent les marges de manœuvre de l'acheteur. L'objectif de ce dernier est de ramener ces segments vers la position « achats simples », en agissant sur les contraintes internes tout en prenant en compte la réalité des contraintes de marché.

Pour cela, il recourt aux dispositifs applicables aux segments des positions « achats internes et externes » et explore d'autres pistes, telles que la mise en place des contrats à moyen et long termes, voire l'établissement de partenariat avec les fournisseurs concernés, la sécurisation des approvisionnements (plan de sécurisation, plans de progrès, etc.), le recours à la sous-traitance ou à l'externalisation, etc.

Avec une « matrice des achats » refaite à des périodes régulières (tous les ans par exemple), l'acheteur peut visualiser les progrès réalisés, identifier ou confirmer les priorités d'action et constater les dérives éventuelles.

Phase 3 ■ Diagnostic stratégique

Après avoir porté un diagnostic global sur les caractéristiques du segment, l'acheteur réfléchit aux actions à mettre en œuvre effectivement afin de maîtriser, réduire, voire éliminer l'impact des contraintes tant internes qu'externes.

Toutes ces actions doivent être de nature à lui donner de nouvelles marges de manœuvre à l'achat et lui permettre de conserver la maîtrise de ses coûts d'achats.

Fiche d'analyse stratégique de segment			
Segment d'achat		Volume d'achat/an	
Nom de l'acheteur		Date de création	
1. Synthèse de l'analyse de la matrice des activités			Date de réalisation :
Diagnostic global			
Actions envisageables pour la réduction des contraintes internes			
2. Synthèse de l'étude du marché			Date de réalisation :
Éléments caractéristiques du marché/Diagnostic sur le marché			
Forces identifiées			
Faiblesses recensées			
Opportunités à saisir			
Menaces et risques potentiels			
3. Synthèse de l'analyse des contraintes de marché			Date de réalisation :
Diagnostic			
Actions envisageables de réduction des contraintes techniques			
Actions envisageables de réduction des contraintes commerciales			
4. Synthèse de l'analyse stratégique			Date de réalisation :
Diagnostic global			
Actions stratégiques à mettre en place			

Étape 8 • L'élaboration des stratégies achats

À partir des conclusions tirées lors de chacune des différentes phases de sa démarche stratégique, l'acheteur élabore une stratégie d'achat appropriée à chacun des segments retenus ; c'est-à-dire qu'il définit un ensemble d'actions qui, déployées de manière cohérente, vont lui permettre de satisfaire aux objectifs de la politique achat en :
- maîtrisant les contraintes internes d'achats ;
- limitant l'effet des contraintes de marché ;
- prenant en compte les forces et les faiblesses du segment, les opportunités et les menaces du marché.

L'ensemble des actions doit viser à la maîtrise des contraintes tant internes qu'externes à court, moyen et long termes.

■ La maîtrise des contraintes internes

La maîtrise des contraintes internes passe par la mise en œuvre d'actions agissant pour l'essentiel sur :
- les demandeurs ;
- les fournisseurs ;
- l'organisation et les processus d'achat ;
- les risques à l'achat ;
- les modes d'achat et d'approvisionnement.

▪ Actions sur les demandeurs

La mise en œuvre de ces actions a pour objectif de réduire l'intensité des contraintes techniques en adaptant, en quelque sorte, le besoin de l'entreprise au marché. Parmi les actions possibles, citons :
- *la sensibilisation des demandeurs à l'impact des contraintes internes ;*
- *la mise en place de groupes de travail sur la recherche d'opportunités de standardisation ;*
- *la recours à l'analyse de la valeur ou à l'analyse fonctionnelle ;*
- *l'intégration de l'acheteur dès l'initialisation du projet ;*
- *l'initialisation d'une réflexion sur l'intérêt d'une intégration verticale ;*
- *etc.*

▪ Actions sur les fournisseurs

Les actions demandées ou ciblées sur les fournisseurs doivent être essentiellement de nature à :
- *renforcer la fiabilité de la qualité des produits et des prestations ;*
- *sécuriser et pérenniser les approvisionnements ;*
- *conserver la maîtrise des coûts ;*
- *anticiper les risques de dépendance ;*
- *etc.*

Parmi les actions possibles, citons :
- *l'intégration des fournisseurs en amont, dès la conception des projets ;*
- *la mise en place de procédures de contrôle chez les fournisseurs ;*
- *la mise sous assurance qualité ;*
- *la mise en place de stocks de sécurité ou en consignation ;*
- *la mise en place de contrats à long terme ;*
- *l'établissement de partenariat avec les fournisseurs ;*
- *etc.*

▪ Actions sur l'organisation et sur le processus d'achat

La mise en place ou l'amélioration de procédures d'achats spécifiques, prises en concertation avec les hiérarchies de l'acheteur et des demandeurs doivent permettre à l'acheteur d'être proactif en toute situation. Parmi les actions possibles que l'acheteur peut suggérer en interne, citons :
- *l'amélioration de la planification des besoins ;*
- *la sensibilisation des demandeurs aux effets de l'expression tardive des besoins ;*
- *le recours à des procédures offertes par le e-achat (portails marchands des fournisseurs, enchères inversées, etc.) ;*
- *la mise en place de procédures adaptées au type de besoin ou de procédures simplifiées permettant de réduire les coûts de traitement de commandes ou les coûts de possession ;*
- *etc.*

▪ Actions sur les risques à l'achat

Ce sont les actions qui vont permettre à l'acheteur de limiter la portée des risques inhérents tant aux prestations des fournisseurs (fiabilité, sécurité et pérennité des approvisionnements ou des services rendus) qu'aux fournisseurs ou aux prestataires eux-mêmes.

Parmi les actions possibles, citons :
- *la mise en place de stocks avancés, de stocks de sécurité, relances ;*
- *la mise en place de procédures de suivi des commandes ;*
- *la mise en place de plusieurs sources d'approvisionnement ;*
- *la mise en place de plans de sécurisation ;*
- *la systématisation de l'analyse des bilans et comptes de résultats des fournisseurs et prestataires stratégiques ;*
- *etc.*

Nous renvoyons notre lecteur au chapitre « Anticiper et traiter les risques fournisseurs » (p. 51) qui décrit de manière détaillée les moyens de la gestion des risques.

▪ Actions sur les modes d'achat et d'approvisionnement

L'acheteur détermine le nombre de sources devant assurer les approvisionnements du segment en choisissant entre la monosource, qui lui permet de massifier le besoin mais peut créer une dépendance, ou la multisource qui réduit sa puissance d'achat mais lui assure la sécurité d'approvisionnement.

L'acheteur recherche et met en place la solution qui lui permettra à la fois d'optimiser sa puissance d'achat (en globalisant), de stimuler le marché (par une mise en concurrence permanente) et de sécuriser ses approvisionnements.

Il peut aussi agir sur le mode d'approvisionnement, en réponse à un besoin de maîtrise de ses coûts de possession, en recourant par exemple à des accords-cadres ou en privilégiant la mise en œuvre, avec les fournisseurs, de procédures simplifiées.

■ La maîtrise des contraintes de marché

En utilisant les fournisseurs ou prestataires issus des marchés de référence qu'il se sera constitué, l'acheteur atténue les effets des contraintes externes.

Les actions à mettre en œuvre ont donc pour objectif d'identifier, selon ses besoins, les caractéristiques optimales de ses marchés de référence, tant techniques que commerciaux, puis à repérer les sources permettant de constituer ou de compléter son panel.

Le paragraphe précédent « Analyse des contraintes de marché » (cf. p. 35) et le chapitre « Optimiser son panel de fournisseurs et prestataires » (cf. p. 85) présentent au lecteur les méthodologies respectives de constitution de marchés de référence et d'identification, sélection de nouveaux fournisseurs et prestataires.

Étape 9 • La mise en place et le suivi du plan d'action stratégique

L'ensemble des actions stratégiques définies par l'acheteur est enregistré dans le « Plan d'action stratégique » qu'il utilise en tant qu'outil de mise en œuvre et de suivi (cf. exemple ci-après).

Exemple de plan d'action stratégique achat

Date de décision	Segment concerné	Actions mises en œuvre	Date de mise en œuvre	Moyens mis en œuvre	Date prévue pour la mesure de l'impact
	1	Élargissement du panel Recours intensif au cahier des charges fonctionnel		Sourcing Asie et Inde Demande de formation des principaux demandeurs à la rédaction du cahier des charges fonctionnel	
	7	Globalisation des achats : constitution d'une liste type de produits Mise en place d'un accord-cadre		Analyse détaillée des consommations et proposition d'une liste type à un groupe référent d'utilisateurs Mise en concurrence élargie après sourcing complémentaire	
	8	Étude de faisabilité de recours à la sous-traitance, voire d'externalisation de l'activité « X »		Préparation d'un dossier d'étude pour prise de décision par le comité de direction (17 emplois concernés)	
	3	Étude de simplification du processus d'achat		Mise en place d'un groupe de travail mixte achats/approvisionnements	
	11	Amélioration de la planification Constitution d'un marché de référence technique		Élaboration d'un cahier des charges des besoins du « processus achat » en vue de l'amélioration du système d'informations Approfondissement étude du marché Définition de choix d'une technologie par le bureau d'études Lancement d'un sourcing en Europe de l'Est	

Chapitre 2

ANTICIPER ET TRAITER LES RISQUES FOURNISSEURS

Compte tenu de :
- la réduction du nombre de leurs fournisseurs (recherche d'économies d'échelle) ;
- l'évolution de la demande vers un « faire faire » (recours à la sous-traitance ou à l'externalisation) ;
- l'augmentation de la part relative de leurs achats ;
- l'accroissement de la dépendance qui en découle ;
- etc. ;

les entreprises prennent de plus en plus de risques et sont, par conséquent, plus vulnérables par rapport à leurs marchés fournisseurs. Bien souvent, la prise de risques et la réduction des dangers se font de manière instinctive, sans se fonder sur une démarche structurée qui identifierait factuellement les sources de risques et évaluerait leurs conséquences.

Un risque peut être défini comme un danger ou un inconvénient plus ou moins probable auquel on est exposé. Un risque, c'est aussi une situation caractérisée par un ensemble d'événements simultanés ou consécutifs dont l'occurrence est incertaine et dont la réalisation affecte les objectifs de l'entreprise qui les subit. Un risque se caractérise par deux grandeurs :
- la fréquence f qui mesure la probabilité d'occurrence de la situation dommageable ;
- la gravité g qui mesure les conséquences du sinistre. Elles sont généralement exprimées en unités monétaires.

Le produit f x g est l'espérance mathématique de la gravité. C'est un indicateur de l'acuité du risque, souvent appelé criticité. Lorsqu'on agit sur la fréquence, on fait de la prévention. Lorsqu'on agit sur la gravité, on fait de la protection.

Gérer ses risques, c'est avant tout, pour l'acheteur, les connaître (anticiper) et les réduire (traiter). La gestion des risques est une évolution de la qualité vers la pérennité.

La gestion des risques se décompose en trois étapes distinctes :
- Étape 1 : recensement et analyse des risques.
- Étape 2 : traitement des risques.
- Étape 3 : élaboration et mise en œuvre du plan de gestion des risques.

Étape 1 • Le Recensement et l'analyse des risques fournisseurs

Le recensement consiste à identifier les risques dont les conséquences seraient dommageables pour l'entreprise afin de les traiter en priorité. En général, ce sont ceux qui affectent les ressources critiques de l'entreprise. Le recensement et l'analyse des risques se décomposent en trois phases.
- Phase 1 : recensement des segments d'achats et/ou des fournisseurs stratégiques.
- Phase 2 : évaluation de la criticité des achats.
- Phase 3 : hiérarchisation des risques.

Phase 1 ■ Recensement des segments d'achats et/ou des fournisseurs stratégiques

L'acheteur recense les différents segments d'achats (ou les fournisseurs/prestataires) qu'il considère comme stratégiques pour son entreprise et les répertorie dans le « tableau de recensement des segments et/ou fournisseurs stratégiques » (cf. exemple de tableau ci-dessous).

Tableau de recensement des segments et/ou fournisseurs stratégiques			
Nom de l'acheteur :		Date du recensement :	
Segment d'achat	Fournisseurs (ou prestataires)	Volume achats/an	Poids du segment ou du fournisseur/ montant total des achats

Phase 2 ■ Évaluation de la criticité des achats

Pour chacun de ces segments, l'acheteur évalue la criticité des achats d'abord en termes de risques liés aux prestations des fournisseurs, ensuite en termes de risques liés aux fournisseurs eux-mêmes, puis procède à une synthèse des deux analyses.
L'évaluation proprement dite consiste à recenser les risques puis à les quantifier.

▪ Évaluation de la criticité des achats en terme de prestations

a) Recensement des risques liés aux prestations

Pour chacun des segments ou fournisseurs stratégiques identifiés, l'acheteur recense les risques potentiels que son entreprise pourrait subir en cas de défaillance du fournisseur (ou prestataire).

Exemples de risques liés aux prestations du fournisseur:

- *interruption de la fabrication ou du service;*
- *impact sur la qualité du produit fabriqué;*
- *impact sur le coût du produit;*
- *dégradation du service rendu au client;*
- *etc.*

Il reporte ses résultats dans la rubrique 1 (risques liés à la prestation) du « tableau d'analyse des criticités achats » (cf. exemple de tableau ci-après).

b) Quantification des risques liés aux prestations

L'acheteur quantifie ensuite l'impact de chacun des risques, en utilisant l'une des méthodes de quantification exposée ci-après.

- Méthode 1 : il attribue une note de 1 à 4 qui correspond au niveau estimé de l'impact du risque :
  - ❑ 1 - si impact secondaire
  - ❑ 2 - si impact mineur
  - ❑ 3 - si impact majeur
  - ❑ 4 - si impact très critique

- Méthode 2 : il attribue une note de 1 à 5 qui prend en compte la probabilité d'occurrence du risque et le temps dont l'acheteur disposerait pour réagir en cas de survenance du danger.

Probabilité d'occurrence / Temps de couverture	0 à 30 %	31 à 60 %	61 à 100 %
Temps suffisant	0	1	2
Tout juste le temps	1	2	3
Pas assez de temps	3	4	5

L'acheteur reporte les notes dans la rubrique 1 (risques liés à la prestation achat) du « tableau d'analyse des criticités achats » puis calcule l'indice de criticité achat **ICA** qui résulte de « *total des niveaux de risques/nombre de risques identifiés* ».

▪ Évaluation de la criticité des achats en terme de fournisseurs

a) Recensement des risques liés aux fournisseurs eux-mêmes

Pour chacun des segments ou fournisseurs stratégiques identifiés, l'acheteur recense les risques potentiels existants au niveau d'un fournisseur (ou de l'ensemble des fournisseurs du segment).

Exemples de risques liés aux fournisseurs :

- *éloignement géographique des fournisseurs ;*
- *capacités de production limitées ou saturées ;*
- *dépendance, santé financière précaire ;*
- *faible niveau des systèmes de management de la qualité ;*
- *etc.*

b) Quantification des risques liés aux fournisseurs

L'acheteur quantifie l'impact de chacun des risques identifiés en utilisant les barèmes exposés ci-dessus et reporte ensuite les données produites dans la rubrique 2 (risques liés au (x) fournisseur(s) du « tableau d'analyse des criticités/achats ».

Tableau d'analyse des criticités achats		
Établi le :	Par :	
Segment	Nom :	
Fournisseur	Nom :	
1. Risques liés à la prestation achat	**Quantification du risque**	**Commentaires**
Arrêt de chaîne de production	3	
Perte de clients	2	
Dégradation du coût de revient	4	
Total	**9**	
Indice de criticité ICA (Total/Nombre de risques identifiés)	**3**	
2. Risques liés au (x) fournisseur(s)	**Quantification du risque**	**Commentaires**
Éloignement géographique	3	
Mauvaise santé financière des fournisseurs	2	
Total	**5**	
Indice de criticité ICF (Total/Nombre de risques identifiés)	**2,5**	
Indice de criticité global ICG **ICG = (ICA^2) 2 x (ICF)**	**22,5**	

Phase 3 ■ Hiérarchisation des risques

L'acheteur calcule ensuite le niveau de criticité global **ICG** résultant de la formule : $(ICA)^2$ x (ICF) puis reporte l'ensemble des résultats pour les différents segments analysés dans le « tableau d'identification et de hiérarchisation des risques » (cf. exemple de tableau ci-dessous), les segments étant hiérarchisés suivant les niveaux de criticité s'étendant sur une échelle de 0 à 64 (méthode de quantification 1) ou de 0 à 125 (méthode de quantification 2).

Tableau d'identification et de hiérarchisation des risques				
Date d'identification du risque	Nature des risques	Segment et/ou fournisseur concerné	Indice de criticité globale	Date d'inscription au plan d'action de gestion des risques

Ce tableau permet à l'acheteur de visualiser et de hiérarchiser l'ensemble des risques identifiés pour chacun des segments et/ou fournisseurs stratégiques.

Afin de faciliter le recensement des risques, l'acheteur peut répertorier les événements déjà constatés dans l'entreprise (non-conformités ou dysfonctionnements, sinistres, etc.), dans des circonstances analogues, ce qui suppose l'existence d'un historique des non-conformités fournisseurs marquantes (cf. exemple ci-après).

Historique des non-conformités fournisseurs marquantes				
Date de la non-conformité	Fournisseur	Nature de la non-conformité	Impact de la non-conformité sur l'entreprise	Segment d'achat concerné

La mise en place (ou l'existence) d'indicateurs peut aussi permettre à l'acheteur de fonder et d'apprécier la fréquence des non-conformités marquantes.

Étape 2 • Le traitement des risques fournisseurs

Traiter les risques consiste pour l'acheteur à prendre les dispositions permettant de les réduire. Pour cela, il peut agir soit sur leur probabilité d'occurrence, soit sur leur gravité via :

- **La suppression du risque**

  Exemple : *suppression du fournisseur du portefeuille*

- **La prévention**

  Exemple : *audit qualité du fournisseur, analyse des bilans et comptes de résultat*

- **La protection**

  Exemple : *contrôle des produits à leur entrée dans l'entreprise ou mise en place de clauses de pénalités (retard, non-atteinte de résultats, etc.)*

- **La répartition des risques**

  Exemple : *approvisionnement assuré par plusieurs fournisseurs au lieu d'un seul*

- **Le transfert des risques**

  Exemple : *externalisation d'activités*

Nous développerons plus spécifiquement ci-après les dispositifs de traitement permettant à l'acheteur :
- d'assurer la fiabilité des produits et des prestations ;
- de sécuriser et de pérenniser ses approvisionnements ;
- de prévenir les défaillances financières du fournisseur ;
- de se couvrir en cas de dérive des coûts ;
- de détecter en amont la dégradation des performances des fournisseurs.

■ Assurer la fiabilité des produits et prestations

Parmi les moyens que l'acheteur peut mettre en œuvre pour fiabiliser la qualité des approvisionnements, nous pouvons citer :
- l'obtention d'échantillons, de prototypes, voire de références clients dès le lancement de l'appel d'offres ;
- la présence d'un représentant technicien de l'acheteur lors du lancement des premières productions ;
- la mise en assurance qualité des fournisseurs (AQF) ;
- la planification de recettes des produits ou des équipements chez le fournisseur ou le sous-traitant ;
- etc.

■ Assurer la sécurité et la pérennité des approvisionnements

Parmi les moyens que l'acheteur a à disposition pour sécuriser et pérenniser les approvisionnements, nous pouvons citer :
- la mise en place ou le renforcement en interne de la pertinence des plans ou des besoins de production ;
- la communication aux fournisseurs de prévisions affinées (plans glissants par exemple), de plannings prévisionnels, etc. ;
- l'analyse et/ou l'audit des fournisseurs (manuel qualité, bilan d'audit, etc.) ;
- la mise en place de plans de sécurisation ;
- la réduction des contraintes internes d'achat ;
- la mise en œuvre de procédures communes avec les fournisseurs ;
- la mise en place de stocks avancés, de stocks régulateurs, de stocks de consignation, etc. ;
- la mise en place de groupes de résolution de problèmes associant représentants de l'acheteur et du fournisseur ;

– la mise en place de contrats à moyen ou long terme ;
– l'établissement de partenariats avec les fournisseurs ;
– etc.

L'acheteur décide des actions pertinentes à mettre en œuvre et les reporte dans le tableau « tableau de suivi de gestion des risques » (cf. p. 73).

■ Prévenir les défaillances financières du fournisseur

Parmi les moyens que l'acheteur a à sa disposition pour évaluer la solvabilité et la fragilité d'un fournisseur ou d'un prestataire, citons :
– l'analyse du compte de résultat et du bilan ;
– les données diffusées par les sociétés de scoring ;
– les informations mises à disposition par les bases de données telles que Infogreffe, Euridile, etc. ou par les sociétés de recouvrement et de renseignements commerciaux telles que Dun & Brasteet, COFACE, etc. ;
– les services financiers internes ;
– etc.

Nous nous limiterons dans cet ouvrage à la découverte du compte de résultat et du bilan, documents que l'acheteur peut se procurer :
– soit auprès du fournisseur concerné ;
– soit auprès du greffe du Tribunal de commerce, dont le fournisseur dépend, toute entreprise étant censée lui transmettre chaque année une copie de son bilan (sous forme de ce qui est appelé une liasse fiscale).

Il ne s'agit pas non plus de faire un exposé sur la comptabilité, mais simplement de préciser et de commenter les rubriques de ces documents susceptibles d'alerter l'acheteur sur des risques réels ou potentiels.

1 Le compte de résultat

▪ Présentation

Le compte de résultat permet de calculer le résultat net de l'entreprise (bénéfice ou perte) sur un exercice donné. Le tableau ci-après décrit d'une façon synthétique les différents postes et opérations intermédiaires permettant de déterminer le résultat, depuis l'enregistrement du chiffre d'affaires jusqu'au résultat proprement dit.

Présentation synthétique d'un compte de résultat

	Chiffre d'affaires HT
–	Achats
–	Stock Initial de matières et marchandises
+	Stock final de matières et marchandises
	= Valeur ajoutée
–	Charges de personnel
–	Impôts et taxes
	= Résultat brut d'exploitation (avant résultat financier) (1)
–	Loyers de crédit-bail
–	Intérêts et charges assimilées
+	Produits financiers
	= Résultat brut d'exploitation (après résultat financier)
–	Amortissements et provisions
	= Résultat avant impôt
–	Impôt sur les bénéfices
	= Résultat après impôt

(1) aussi appelé résultat opérationnel

- **LECTURE ET INTERPRÉTATION DES DONNÉES DU COMPTE DE RÉSULTAT**

(!)

Les postes du compte de résultat que l'acheteur doit essentiellement examiner sont les suivants.
- **Chiffre d'affaires**
- **Résultat net**
- **Ratio résultat net/chiffre d'affaires**
- **Valeur ajoutée**
- **Résultat brut d'exploitation (avant et après résultat financier)**
- **Marge brute d'autofinancement (égale au résultat net majoré des dotations aux amortissements)**

La seule lecture d'une de ces données n'étant pas suffisante pour identifier d'éventuels risques, l'acheteur doit comparer leurs évolutions d'un exercice à l'autre et procéder à une lecture combinée de plusieurs d'entre elles.

L'interprétation qui en sera faite quant à d'éventuels risques ne doit pas être trop hâtive (cf. ci-après quelques exemples d'interprétation).
Dans la plupart des cas, elle se doit d'être d'approfondie soit en trouvant des éléments de réponse auprès du fournisseur, soit en élargissant l'analyse à d'autres rubriques du compte de résultat (achats, charges de personnel).
L'acheteur ne doit pas alors hésiter à se rapprocher de ses services financiers.

Exemples d'interprétation de lecture d'un compte de résultat :
Avec à la fois un chiffre d'affaires en baisse régulière et un résultat net en baisse régulière (voire en perte), un fournisseur conjugue deux éléments qui méritent une vigilance particulière. Perd-il des parts de marché ? Maîtrise-t-il la gestion de son activité ? Est-ce conjoncturel ? Est-ce que cette dégradation est spécifique à cette entreprise ou est-elle partagée par tous les acteurs de ce marché ?

Un fournisseur dont le résultat brut d'exploitation avant résultat financier se dégrade régulièrement doit être surveillé, car cela veut dire que l'entreprise ne dégage pas de résultat sur son cycle d'exploitation (résultat opérationnel). Y a-t-il eu des événements particuliers ou exceptionnels (au niveau du chiffre d'affaires, des charges d'exploitation : achats, charges de personnel, etc.) ? Est-ce structurel ? Si oui, est-ce que l'entreprise a pris les mesures adéquates ? Y a-t-il des évolutions positives : baisse de la masse salariale, réduction des dépenses de fonctionnement, etc. ?

Une entreprise dont le résultat net ou la marge brute d'autofinancement s'érode régulièrement se prive de capacités futures à l'investissement et au développement.

2 Le bilan

■ **PRÉSENTATION**

Un bilan est constitué de deux parties (sous forme de deux colonnes).
– Le passif qui décrit d'où vient l'argent dont dispose l'entreprise.
– L'actif qui décrit les affectations de l'argent mis à disposition.

Actif	Passif
Où va l'argent ?	D'où vient l'argent ?

Le bilan livre à un instant *t* (la clôture de l'exercice fiscal) la situation nette de l'entreprise avec :

▷ **Une description des principaux éléments du passif de l'entreprise, à savoir :**

- les **capitaux propres** qui sont constitués :
  - des apports initiaux et ultérieurs des fondateurs (actionnaires) ; c'est le capital social ;
  - du résultat net de l'exercice (bénéfice ou perte) ;
  - des réserves légales et contractuelles ;
- des **provisions pour risques et charges**, constituées par l'entreprise en prévision de risques potentiels ;
- les **dettes financières** qui sont constituées :
  - d'emprunts auprès d'établissements de crédit (crédit à moyen et long termes) ;
  - des dettes fournisseurs : ce qui est dû aux fournisseurs et prestataires (ensemble des factures à payer à la date du bilan).

Actif	**Passif** (d'où vient l'argent)
	Capitaux propres Provisions pour risques et charges Dettes à plus de 1 an
	Dettes fournisseurs Autres dettes à court terme

▷ **Une description des principaux éléments de l'actif de l'entreprise, à savoir :**

- **l'actif immobilisé**, essentiellement constitué :
  - *d'immobilisations incorporelles ;*
  - *d'immobilisations corporelles*. Celles-ci sont constituées des investissements réalisés par l'entreprise (locaux, équipements, matériels, etc.). Le montant des immobilisations corporelles correspond au montant des investissements initiaux déduit des amortissements constatés à la date de clôture du bilan ;
  - *d'immobilisations financières*. Elles correspondent au montant des participations actions détenues par l'entreprise, voire aux placements financiers qu'elle a réalisés ;

- **l'actif circulant**, essentiellement constitué :
  – des stocks et des encours ;
  – des créances clients, soit l'ensemble des factures dues par les clients à la clôture du bilan ;
- **les disponibilités** représentées par les liquidités sur comptes bancaires, ou en caisse.

Actif (où va l'argent)	**Passif** (d'où vient l'argent)
Actif immobilisé • Immobilisations incorporelles • Immobilisations corporelles • Immobilisations financières	Capitaux propres Provisions pour risques et charges Dettes à plus de 1 an
Actif circulant • Stock • Créances clients	Dettes fournisseurs Autres dettes à court terme
Disponibilités	

- **LECTURE ET INTERPRÉTATION DES DONNÉES DU BILAN**

Les principales données du bilan que l'acheteur peut analyser sont les suivantes.

Au passif

– Le montant des capitaux propres.
– Le montant de l'endettement à terme constitué de l'ensemble des dettes supérieures à 1 an.
– Le montant des ressources stables (capitaux propres + dettes à plus de 1 an).
– Le montant du compte fournisseurs (montant TTC de ce qui est dû aux fournisseurs à la clôture de l'exercice).

À l'actif

– Le montant total de l'actif immobilisé net.
– La valeur brute cumulée des machines en activité et le montant correspondant des amortissements (à lire dans « immobilisations corporelles »).
– La valeur du stock (matières premières ou marchandises).
– Le montant des créances clients (montant TTC de ce qui est dû par les clients du fournisseur à la clôture de l'exercice).

À partir de ces données, l'acheteur calcule et analyse les ratios suivants.

Au passif du bilan

- Le ratio « **ressources stables/actif immobilisé net** » : il doit en principe être supérieur à 1.
- Le ratio « **endettement à terme/capitaux propres** » : il doit en principe être supérieur à 1.
- Le **délai moyen de paiement des fournisseurs** (montant du compte fournisseurs x 360/montant des achats en TTC) et son évolution.

À l'actif du bilan

- Le ratio **montant des amortissements des machines/valeur brute des machines** : il exprime l'ancienneté du parc machine. Si le ratio est proche de 1, le parc est amorti, donc plutôt ancien et inversement.
- Le ratio **montant du stock/chiffre d'affaires (*)** (matières premières et/ou marchandises).
- La ratio **montant du stock/montant des achats (*)** (matières premières et/ou marchandises).
- La **rotation des stocks** de matières premières (valeur stock de matières premières x 12/montant HT des achats) et son évolution.
- **Le délai moyen de paiement clients (**montant des créances clients et des effets escomptés x 360/CA en TTC) et son évolution.

Comme pour le compte de résultat, la seule lecture d'une de ces données n'est pas suffisante pour identifier d'éventuels risques. L'acheteur doit comparer leurs évolutions d'un exercice à l'autre et procéder à une lecture combinée de plusieurs d'entre elles. L'interprétation qui en est faite doit être avant tout de nature à interpeller l'acheteur quant à d'éventuels risques. Elle peut être corroborée par le diagnostic porté sur les données du bilan et nécessite d'être approfondie avant toute décision d'action (cf. ci-après quelques exemples d'interprétation).

Exemples d'interprétation d'une lecture d'un bilan :
Une entreprise dont le ratio montant du stock/chiffre d'affaires est en baisse régulière peut être considérée comme bien gérée sauf si concomitamment, l'acheteur constate une dégradation des délais de livraison de ses commandes : le fournisseur ne souffre-t-il pas de stock insuffisant ?

(*) Données à extraire du « Compte de résultat ».

Pour une entreprise dont le ratio « ressources stables/actif immobilisé net » serait très inférieur à 1, cela signifie que ses ressources stables ne financent pas son actif immobilisé ; autrement dit, l'entreprise finance vraisemblablement son outil de production, soit par de l'emprunt à court ou moyen terme soit par le crédit interentreprises. A-t-elle encore des capacités de recours à l'emprunt à court terme ? Ne pratique-t-elle pas une fuite en avant ? Est-elle protégée face à des aléas commerciaux ou financiers ? N'y a-t-il pas un risque de défaillance financier à terme ? etc.

Un fournisseur dont les délais de livraison se dégradent et présente un bilan faisant apparaître simultanément une diminution de ses stocks, un allongement de ses délais de paiement à ses propres fournisseurs, doit être surveillée de très près. N'a-t-il pas des difficultés de trésorerie ? Est-ce structurel ou conjoncturel ? N'y a-t-il pas une menace de dépôt de bilan ? N'y-a-t-il pas par ailleurs une dégradation de son chiffre d'affaires, de son résultat, de sa marge d'exploitation ? etc.

Une entreprise dont l'âge moyen du parc machines est très supérieur à celui de ses principaux concurrents indique peut-être une capacité insuffisante à l'investissement, le recours à des équipements insuffisamment productifs. Le niveau des prix de vente n'est-il pas supérieur à celui de ses concurrents ? Ne compense-t-il pas par une profitabilité moindre que celle de ses concurrents, obérant ainsi ses capacités futures à l'investissement ? etc.

L'acheteur décide des actions à mettre en œuvre, comme par exemple :
- demande d'éclaircissements auprès des fournisseurs concernés ;
- demande d'examen approfondi des bilans auprès de ses services financiers ou d'organismes spécialisés ;
- réduction des volumes approvisionnés auprès du fournisseur concerné (ou toute autre mesure à caractère conservatoire de nature à réduire le risque, etc.) ;
- déclenchement d'une action de sourcing afin de remplacer le fournisseur défaillant ;
- etc.

Il enregistre ses décisions dans le « tableau de suivi de gestion des risques » (cf. p. 73).

■ Se couvrir contre la dérive des prix

Pour se couvrir contre la dérive des prix, l'acheteur dispose de divers moyens tels :

- la mise en place de formule de révision de prix ;
- le recours aux décompositions de prix de vente ;
- le recours à l'étalonnage des prix ou au benchmarking ;
- la négociation des pièces de rechange, consommables et contrat de maintenance au moment de l'achat de l'équipement.

▪ La révision de prix

La mise en place d'une formule de révision permet notamment de maîtriser la dérive des prix sur :

- les contrats de fournitures à moyen et long termes tels les commandes programmes, les accords-cadres, etc. ;
- les achats de sous-traitance (maîtrise de l'évolution des cours de matières premières, des salaires, etc.) ;
- les contrats de maintenance (en général pluriannuels).

La formule de révision de prix et ses conditions d'application résulte de la négociation.

Exemple de formule : *P = Po (0,2 + 0,3 S/So + 0,4 M/Mo + 0,1MP/MPo)*

L'acheteur veille, si elle est retenue, à ce que la clause du contrat relative à la révision mentionne :

- une définition des indices retenus ;
- leurs dates de lecture, tant à l'origine qu'à la date d'application de la formule de révision ;
- leurs sources (de préférence des sources neutres et d'accès facile) ;
- la date d'application de la formule de révision : *date de dédouanement ? date de réception ? date anniversaire du contrat ?*

- **La décomposition de prix de vente**

L'obtention d'une décomposition du prix de vente permet à l'acheteur de :
- différencier le produit de ses accessoires ou de tous les services associés (transport, installation, garantie, etc.) ;
- comparer séparément les parts « matières » et « main-d'œuvre » proposés par les différents fournisseurs ;
- comparer les temps d'opérations (ou unités d'œuvre) ainsi que les niveaux de qualification prévus par les différents fournisseurs consultés ;
- vérifier que les niveaux de marge brute sont conformes aux pratiques du secteur d'activité.

La connaissance détaillée des prix est un levier puissant, utilisable avant et pendant la négociation. Aussi, chaque fois que cela est possible, l'acheteur doit en faire la demande aux fournisseurs (ou prestataires) consultés lors des appels d'offres, en leur proposant éventuellement un canevas de décomposition.

- **Le recours à l'étalonnage des prix et au benchmarking**

L'étalonnage des prix consiste à :
- comparer les prix avec ceux obtenus sur les commandes précédentes ;
- vérifier la cohérence des couples quantité/prix ;
- utiliser les décompositions de prix obtenus auprès de chacun des fournisseurs afin de comparer les différentes composantes de leurs prix (nombre d'unités d'œuvre, valeur de l'unité d'œuvre, etc.) ;
- obtenir des fournisseurs des explications sur les dérives constatées sur les prix, mais aussi sur les unités d'œuvre ;
- suivre l'évolution et la dérive des prix par rapport à des indices de référence : inflation, matières premières, devises ou indices globaux : coût de la construction, etc., ou autres indices statistiques tels ceux du SESSI ;
- comparer les prix d'achat à ceux obtenus par d'autres acheteurs (de son secteur ou ceux d'autres secteurs achetant les mêmes produits (biens ou services), et cela via des actions de benchmarking ciblées.

- **La négociation** du prix des consommables, du contrat de maintenance et des pièces de rechange lors de l'achat de l'équipement (voir les prix de traitement ultérieur des déchets dans le cadre du recyclage).

■ Détecter en amont la dégradation des performances

Afin d'anticiper toute dégradation des performances de ses fournisseurs ou prestataires (en termes de qualité des produits livrés ou de prestations assurées, de respect des délais, etc.), l'acheteur dispose de moyens tels que :
- l'évaluation périodique des fournisseurs ou des prestataires ;
- le tableau de bord qualité fournisseurs ;
- l'audit qualité fournisseurs.

▪ L'évaluation des fournisseurs

L'évaluation d'un fournisseur a pour but d'apprécier le niveau de performances de ses prestations afin de s'assurer qu'elles sont toujours en adéquation avec les exigences et attentes de l'entreprise acheteuse.

L'évaluation s'effectue sur la base de critères de performances suffisamment pertinents et discriminants tels que :
- la **qualité des produits ou prestations fournis** : taux de conformité sur livraisons, taux de service pour des prestations, constance de la qualité, etc. ;
- les **délais de livraison** : respect des délais contractuels, délais moyens de retard ;
- la **présence commerciale** : respect de la politique commerciale, professionnalisme et compétence technique de la force de vente, niveau de son implication, réactivité commerciale en cas de dysfonctionnements ou de non-conformités, etc. ;
- **niveau des prix** : positionnement du prix par rapport à la concurrence ;
- **après-vente** : qualité du service après-vente, délais de réparation, etc. ;
- **qualité** : implication du fournisseur dans la démarche de progrès, respect des plans de progrès, nombre de propositions d'améliorations (actions préventives, etc.) ;
- **performance administrative** : fiabilité de la facturation, délai moyen de résolution des litiges, etc.

Le lecteur trouvera ci après un exemple de « grille d'évaluation des fournisseurs » et de barème de notation.

Si la note attribuée permet de repérer rapidement les fournisseurs (ou prestataires) dont les performances se sont dégradées depuis l'évaluation précédente, l'analyse détaillée des notes obtenues aux différents critères permet à l'acheteur de repérer les faiblesses du fournisseur et par conséquent d'identifier les risques potentiels ou réels.

En fonction de leur éventuel impact, l'acheteur décide des actions de prévention ou de protection à mettre en œuvre, comme par exemple :

– sensibilisation du fournisseur sur les conséquences de ses dérives ;
– notification au fournisseur de ses attentes en termes d'actions de progrès : demande d'actions correctives ou préventives, demande de propositions d'amélioration, etc.) ;
– mise en œuvre d'une démarche de progrès. Dans une démarche de progrès, le fournisseur s'engage à améliorer ses performances de manière régulière dans le cadre d'un plan ou d'un contrat de progrès qui fixe par exemple des objectifs d'amélioration de la qualité, des prix, des délais, d'innovation. Le plan de progrès est établi pour une période donnée (en général pluri-annuel). Chaque année, voire plus fréquemment si nécessaire, l'acheteur et le fournisseur analysent les éventuels écarts par rapport aux objectifs et définissent si besoin les actions correctives à mettre en place ;
– etc.

L'acheteur enregistre ses décisions dans le « tableau de suivi de gestion des risques » (cf. p. 73).

Grille d'évaluation des fournisseurs

Nom du fournisseur :
Date d'évaluation :
Nom et visa de l'évaluateur :

Critères d'évaluation	Pondération	Note (1)	Total
Taux de conformité des produits livrés	5	3	15
Niveau de réactivité fournisseur sur non-conformité	2	4	8
Respect des délais	3	3	9
Longueur moyenne des retards de livraison	3	3	9
Niveau d'implication dans les plans de progrès	3	4	12
Réactivité force de vente	1	3	3
Niveau des apports techniques du fournisseur	1	4	4
Motivation globale du fournisseur	2	4	8
Total	**20**		**68**

Barème de notation proposé

Exemple 1 : taux de conformité des produits livrés

- Note 5 si le taux de conformité est supérieur à 99,8 %
- Note 4 si le taux de conformité est compris entre 99,6 % et 99,79 %
- Note 3 si le taux de conformité est compris entre 99,5 % et 99,59 %
- Note 2 si le taux de conformité est compris entre 99,4 % et 99,49 %
- Note 1 si le taux de conformité est compris entre 99,3 % et 99,39 %

Exemple 2 : longueur moyenne des retards de livraison

- Note 5 si la longueur moyenne des retards est inférieure ou égale à 1 jour
- Note 4 si la longueur moyenne des retards est comprise entre 1 et 2 jours
- Note 3 si la longueur moyenne des retards est comprise entre 2,1 et 3 jours
- Note 2 si la longueur moyenne des retards est comprise entre 3,1 et 5 jours
- Note 1 si la longueur moyenne des retards est comprise entre 5,1 et 10 jours

▪ Le tableau de bord « suivi fournisseurs et prestataires »

Le recours à des indicateurs permettant de suivre la qualité et les performances des fournisseurs (ou prestataires) entre deux évaluations périodiques est indispensable si l'acheteur souhaite identifier précocement toute dérive. À titre préventif, il met en place un suivi du ou des fournisseurs présentant un risque potentiel en retenant l'indicateur susceptible de révéler la survenance du risque.
Parmi les principaux indicateurs qu'il peut retenir :
– le suivi des non-conformités
  . non-conformité du produit (bien ou service),
  . non-conformité des livraisons ou de l'exécution des prestations,
  . non-conformité administrative ;
– le suivi de la réactivité sur les non-conformités ;
– le suivi de la réactivité des fournisseurs suite aux actions correctives ;
– le suivi de la réactivité des fournisseurs suite aux audits qualité.

Nous renvoyons notre lecteur à la 4e partie de cet ouvrage « Suivre et gérer ses performances » dans laquelle nous présentons plus amplement les modalités de suivi des performances des fournisseurs et des prestataires.

▪ L'audit qualité des fournisseurs ou des prestataires

En situation de risques réels tels que :
– dégradation caractérisée des délais de livraison ou de taux de service ;
– dégradation du niveau d'aptitude qualité constatée à l'issue de l'évaluation périodique ;
– absence de réactivité sur les non-conformités ;
– apparition de risques sur la structure ou les processus de production ;
– etc.

l'acheteur peut déclencher un audit du fournisseur en le diligentant sur les parties susceptibles d'être à l'origine de la défaillance, comme par exemple :
– l'organisation générale de l'entreprise ;
– les moyens techniques et leur mise en œuvre ;
– l'ordonnancement et le suivi des commandes ;
– la qualité des produits approvisionnés ;
– la maîtrise de la production ou de l'exploitation ;
– la qualité de l'après-vente ;
– etc.

Étape 3 • L'élaboration et mise en œuvre du plan de gestion des risques

Au fur et à mesure de l'identification des risques et de l'évaluation de leur criticité, l'acheteur renseigne le « tableau de suivi de gestion des risques » (cf. exemple de tableau ci-après).

Pour chacun des risques ainsi identifiés, l'acheteur mentionne :
- les actions préventives mises en œuvre ;
- les points critiques de la maîtrise ;
- les procédures de surveillance mises en œuvre.

L'acheteur s'assure régulièrement que les actions de prévention ou de protection mises en place produisent les effets escomptés ou génèrent les résultats attendus. Si besoin est, et notamment lorsque la surveillance révèle qu'un point critique n'est pas maîtrisé, il met immédiatement en place les actions correctives appropriées.

Seule une revue périodique des risques liés aux prestations ou aux fournisseurs eux-mêmes permet à l'acheteur une réelle maîtrise des risques fournisseurs.

Tableau de suivi de gestion des risques

Date de mise en œuvre	Fournisseur Prestataire Segment	Nature des risques	Actions préventives mises en œuvre	Points critiques de la maîtrise	Procédures de surveillance mises en place	Couverture (en %)		
						CT	MT	LT
		Non-respect de délai	Audit du processus de fabrication du fournisseur et demande d'éventuelles actions correctives Relances préventives systématisées		Suivi détaillé du taux de service du fournisseur	50	100	100
		Pérennité approvisionnement non assurée dans 2 ans	Développement d'un produit de substitution dans 2 ans		Suivi du fournisseur : rencontres trimestrielles	20	80	100
		Probabilité de difficultés financières (avec menace d'un risque de rachat par l'un de nos concurrents)	Partage des approvisionnements à parité égale entre les 2 fournisseurs actuels au lieu de 80/20 Recherche d'une 2e source de remplacement sur le marché mondial	Avoir référencé la 2e source avant 18 mois	Analyse des bilans et veille financière (concours des services financiers internes) Audit qualité	20	80	100

Chapitre 3

RECHERCHER EN PERMANENCE L'OPTIMISATION DU BESOIN

Optimiser le besoin consiste pour l'acheteur à rechercher l'obtention en interne du juste besoin, celui dont l'entreprise pourrait effectivement s'accommoder, sans sur-valeur (fonctions inutiles) ni sous-valeur (altération du coût de possession du fait d'une inadaptation au besoin réel).

C'est aussi le besoin qui pourrait être défini si l'entreprise s'affranchissait de toutes les contraintes internes notamment techniques, ce qui lui permettrait de s'adapter à l'offre du marché (cf. p. 24).

L'acheteur doit donc tout mettre en œuvre afin que le besoin soit exprimé par les demandeurs de façon optimale.

Pour cela, l'acheteur a la possibilité de peser sur la définition du juste besoin en proposant ou recommandant à ses demandeurs la mise en œuvre de différents moyens parmi lesquels :
- le recours à la standardisation ;
- l'utilisation de solutions existantes ou éprouvées sur le marché ;
- l'utilisation de cahiers des charges adaptés aux besoins réels ;
- son intégration dès la phase d'expression du besoin.

1 • Le recours à la standardisation

Dès lors que le besoin présente des spécifications particulières, sa fabrication (ou sa production) nécessite que le fournisseur procède à des aménagements ou des modifications de ses processus de développement et/ou de production et recourt à l'utilisation d'outillages de production spécifiques. Dans la plupart des cas, ces demandes spécifiques entraînent une plus-value non négligeable par rapport au prix de vente d'un produit standard, avec le risque supplémentaire de créer une dépendance vis-à-vis du fournisseur.

(!) **L'acheteur doit donc, autant que faire se peut, limiter le recours à des solutions spécifiques.**

Grâce à sa connaissance du marché et à la veille commerciale qu'il a organisée, l'acheteur a la capacité d'orienter ses demandeurs vers l'utilisation de produits standards (biens ou services) qui présentent l'avantage d'être :
- attractifs en terme de prix (marché de volume) ;
- disponibles (produits suivis en stock) ;
- fiables (produits reconnus par le marché) et suivis (garantie, service après-vente, assurance d'un suivi technique, etc.) ;
- sources de réduction des coûts de possession (possibilité de mise en place d'accord cadre, de stocks déportés ou de stocks en consignation, utilisation de solutions d'approvisionnements par e-procurement, etc.) ;
- etc.

2 • Le recours à l'utilisation de solutions existantes

Le recours à des solutions existant sur le marché, voire dans l'entreprise (cas d'entreprises multisites par exemple) permet de ne pas réinventer ce qui existe déjà par ailleurs, et avec l'avantage :
- de bénéficier de prix plus intéressants (coûts d'étude et développement supportés en partie par d'autres clients, volume de production réparti entre plusieurs acheteurs, etc.) ;
- de réduire le délai de mise à disposition des produits (outil de production existant) ;
- etc.

Le recours à l'utilisation de solutions existantes (ou déjà utilisées en interne) suppose que l'acheteur identifie ce que font ou ont fait ses concurrents à l'achat (tant ceux de son secteur que ceux d'autres secteurs d'activité) afin de les proposer à ses clients internes.

3 • L'utilisation de cahiers des charges adaptés

L'analyse des contraintes internes techniques (cf. p. 24) a pu faire apparaître une déficience des différentes fonctions de l'entreprise dans l'expression de leurs besoins à l'achat à savoir :
- pas ou peu de cahiers des charges ;
- des cahiers des charges imprécis, voire très ouverts ;
- des cahiers des charges fermés.

■ Pas ou peu de cahiers des charges

Afin de se doter de marges de manœuvre lui permettant de mettre en œuvre un processus d'achat efficient, l'acheteur se doit de développer auprès de ses demandeurs une réelle culture « cahier des charges ». Pour cela, il peut, par exemple :
- les sensibiliser, dans le cadre d'une démarche pédagogique, à l'intérêt et à la pertinence d'un cahier des charges dans le processus achat, notamment en leur présentant les avantages et les bénéfices qu'ils peuvent en tirer dans l'exercice de leurs fonctions ;
- leur proposer une aide lors de l'expression du besoin, notamment lors de la rédaction de leurs premiers cahiers des charges ;
- s'impliquer dans la rédaction de leurs cahiers des charges, mais en aucun cas il ne doit se substituer aux demandeurs (sauf cas particulier) ;
- leur faire bénéficier de ses expériences acquises sur des projets précédents voire analogues ;
- etc.

■ Des cahiers des charges imprécis, voire très ouverts

Le besoin est identifié mais le demandeur ne précise pas les moyens permettant de le satisfaire ou n'énonce pas les résultats attendus.

Le cahier des charges restant à établir, l'acheteur se rapproche du demandeur en appliquant les principes de la démarche énoncés ci-dessus et agit comme un facilitateur.

■ Des cahiers des charges fermés

Avec de tels cahiers des charges dits techniques, le besoin est détaillé mais en général, cela signifie que des solutions sont proposées, voire imposées au marché : l'acheteur ne dispose quasiment pas de marge de manœuvre.

Cela étant, si dans certains cas, l'utilisation du cahier des charges techniques est nécessaire, voire impérative, comme par exemple en sous-traitance industrielle pour la fabrication de pièces ou dans le bâtiment pour la réalisation d'un ouvrage, l'acheteur doit inciter ses demandeurs à recourir, autant que possible, au « cahier des charges fonctionnel ».

Plus l'acheteur détectera le besoin avant qu'il ne fasse l'objet d'un cahier des charges, plus il pourra peser sur le « bon » choix du mode d'expression : « technique » ou « fonctionnel ».

4 • Le recours au cahier des charges fonctionnel

■ Principes du cahier des charges fonctionnel

Le cahier des charges fonctionnel est un document par lequel le demandeur exprime son besoin sous forme de fonctions attendues du produit pour répondre au besoin d'un utilisateur donné.

Il n'exprime que des exigences de résultats (et en principe aucune exigence de moyens) et n'impose par conséquent que ce qui est réellement nécessaire.

Le cahier des charges fonctionnel s'applique à tous les types d'achats : produits industriels, prestations de services, prestations intellectuelles, etc.

■ Utilités et avantages du cahier des charges fonctionnel

Le cahier des charges fonctionnel permet à l'acheteur :
- de s'ouvrir à de nouveaux fournisseurs ;
- de maîtriser ses coûts d'achat car le produit (bien ou service) n'est fait que de ce qui est nécessaire (en principe ni sous-qualité, ni sur-qualité) ;
- d'exploiter les opportunités de standardisation, d'innovation, etc. ;
- de partager les risques liés à la conception, voire de les transférer au fournisseur (ou au prestataire) car c'est lui, dans son offre, qui s'engage à atteindre le résultat.

■ Présentation générale d'un cahier des charges fonctionnel

Sauf cas particulier, il n'appartient pas à l'acheteur de rédiger le cahier des charges fonctionnel ; il peut toutefois participer à sa rédaction.

Cela étant, il est nécessaire qu'il en maîtrise les principes généraux tant au niveau de la démarche que de la structure. C'est l'objet du développement ci-après.

Un cahier des charges fonctionnel se décompose généralement en quatre parties, à savoir :
- présentation générale du besoin ;
- expression fonctionnelle du besoin ;
- élaboration du cadre de réponses ;
- appel à variante.

▪ 1re partie : présentation générale du besoin

Dans cette introduction est énoncée la finalité du produit (bien ou service) telle qu'elle est perçue par le demandeur ainsi que les besoins principaux pour lesquels il doit être conçu ou développé. La présentation générale doit être élaborée de façon à faciliter la prise en charge de la problématique par le fournisseur (ou le prestataire).

Le rédacteur apporte aussi au fournisseur toutes les données et informations utiles sur le contexte et les conditions d'utilisation du produit : volumétrie, enjeux, durée, etc.

▪ 2e partie : expression fonctionnelle du besoin

Dans cette partie sont exposés les besoins liés à l'usage du produit (bien ou service) sous forme de fonctions de service et de contraintes dont l'expression et la caractérisation résultent d'une démarche se décomposant en quatre étapes :
- Étape 1 : analyse préalable des besoins liés à l'usage du produit.
- Étape 2 : recensement et hiérarchisation des fonctions.
- Étape 3 : définition des critères et de leurs niveaux d'appréciation.
- Étape 4 : détermination des flexibilités.

Étape 1 ANALYSE PRÉALABLE DES BESOINS LIÉS À L'USAGE DU PRODUIT (BIEN OU SERVICE)

Afin de faciliter l'identification des fonctions, il convient d'abord de recenser les divers éléments et paramètres qui constituent l'environnement du produit à acheter comme par exemple :
- les utilisateurs, intervenants occasionnels ou clients du produit ;
- les matériels, les machines, le bâtiment, etc. ;
- les normes, règlements, procédures, etc. ;

– les conditions générales de l'environnement telles que la température, le bruit, les intempéries, etc.

Lors de l'analyse préalable de besoin, il est fréquent d'utiliser l'outil de représentation (cf. exemple ci-dessous) appelé « la pieuvre » (méthode APTE, cf. bibliographie).

Exemple de synthèse d'une analyse préalable de besoin pour un chariot élévateur

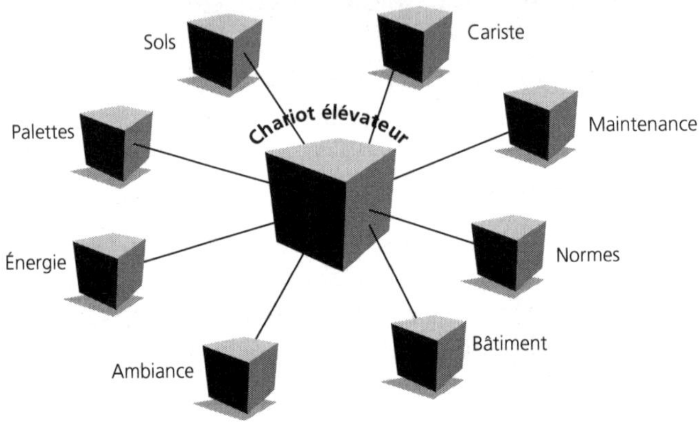

Étape 2 Recensement et hiérarchisation des fonctions

Au travers d'une démarche appelée analyse fonctionnelle il s'agit ensuite de recenser les fonctions de services et les contraintes puis de les hiérarchiser.

Une fonction de service est une fonction attendue du produit pour répondre au besoin d'un utilisateur donné tandis qu'une contrainte est une limite de liberté.

Les fonctions de services ou les contraintes s'expriment sous la forme : « *verbe + complément* ».

Exemples de fonctions de service pour un marqueur :

- *Laisser une trace sur le support.*
- *Être préhensible.*

Exemples de contraintes pour un réfrigérateur :

- *Respecter les normes phoniques en vigueur.*
- *Ne pas émettre de vapeurs toxiques.*

Les fonctions sont ensuite classées par ordre décroissant d'importance.

Étape 3 DÉFINITION DES CRITÈRES ET DE LEURS NIVEAUX D'APPRÉCIATION

Cette étape a pour objet de définir des critères d'appréciation propre à chacune des fonctions de service ou des contraintes identifiées.

Un critère d'appréciation permet d'apprécier la manière dont une fonction ou une contrainte est remplie. Chaque critère est assorti d'un niveau d'appréciation qui peut s'exprimer sous plusieurs formes : objective, subjective ou quantifiable. Il peut y avoir plusieurs critères d'appréciation de nature différente pour une même fonction.

Le lecteur trouvera ci-après des exemples de fonctions, critères et niveaux d'appréciation retenus pour la caractérisation d'un distributeur automatique de billets.

Fonctions	Critères d'appréciation	Niveaux du critère
Délivrer des billets de banque	Cartes bancaires utilisables	Eurocard, Visa, Mastercard
	Billets suivants (euros)	10, 20 et 50 euros
	Clientèle concernée	À partir de 14 ans
Être ergonomique et convivial	Durée maximale d'un retrait	2 minutes
Faciliter la maintenance	Durée maximale d'immobilisation	35 minutes/tranches de 12 heures ouvrables

Les critères permettent au fournisseur de cibler les solutions appropriées et à l'entreprise acheteuse d'en vérifier l'adéquation par rapport au besoin, et cela tout en s'assurant de la pertinence de la solution proposée.

Étape 4 DÉTERMINATION DES FLEXIBILITÉS

Chaque critère est ensuite assorti d'un niveau de flexibilité, autrement dit d'une marge de liberté plus ou moins importante laissée au fournisseur pour satisfaire ce critère ; cette marge de liberté s'exprime de la façon suivante :

- (f) 0 : aucune flexibilité ; le fournisseur doit impérativement se conformer au niveau défini ;

– (f) 1 : niveau peu négociable ; le fournisseur dispose d'une faible marge de manœuvre ;
– (f) 2 : niveau négociable contre un gain sur les coûts ou un transfert avantageux sur une autre fonction.

Toutes les données collectées au fur et à mesure des étapes de l'expression fonctionnelle sont reportées dans le cadre de réponse (cf. tableau ci-après).

▪ 3e partie : élaboration du cadre de réponses

Afin de faciliter l'analyse comparative des propositions techniques, il est préférable de transmettre un cadre de réponses aux fournisseurs (ou prestataires) consultés lors de l'appel d'offres (cf. ci-après un exemple de cadre de réponses).

Chacun d'entre eux est invité à préciser pour chaque critère d'appréciation :
– la solution proposée (qui est souvent commune à plusieurs fonctions) ;
– les moyens, techniques et modalités de mise en œuvre prévus ;
– le niveau atteint par rapport au critère d'appréciation fixé ;
– les justifications techniques et économiques du choix des solutions proposées.

Cadre de réponses à l'appel d'offres n° **Objet du cahier des charges :**					
Expression de la demande			**Partie réservée au fournisseur (pour la réponse)**		
Fonctions et contraintes	Critères et niveau d'appréciation	Niveau de flexibilité	Solution proposée/moyens, techniques et/ou modalités de mise en œuvre	Niveau atteint du critère d'appréciation	Justification des solutions proposées

- **4e partie : appel à variante**

Au-delà de la proposition répondant à l'expression fonctionnelle du besoin, il peut être demandé à chacun des consultés de remettre, le cas échéant, des propositions répondant à leur propre perception du besoin.

L'appel à variante stimule l'innovation et permet d'explorer des pistes non identifiées en interne.

5 • L'intégration de l'acheteur dès la phase d'expression du besoin

En étant associé au demandeur dès la phase d'expression du besoin (par exemple dès la conception du produit, dès la rédaction du cahier des charges, etc.), voire en étant membre d'une équipe projet dès sa constitution, l'acheteur prend connaissance prématurément du besoin et est ainsi en situation de détecter immédiatement d'éventuelles contraintes ou risques inhérents à certains choix ou orientations.

L'acheteur a alors la capacité de pouvoir peser immédiatement sur les choix des demandeurs et de minimiser d'entrée l'impact de ces contraintes et risques. Cela suppose de sa part une capacité à proposer, voire à imposer, certaines solutions et requiert par conséquent, de disposer d'un fort pouvoir de négociation en interne.

En étant intégré dès l'amont de l'achat, l'acheteur se trouve en situation de se créer des conditions d'achats optimales en :

- préconisant la mise en œuvre de leviers porteurs d'économies : standardisation, recours à des solutions existantes (autres), etc. ;
- faisant intégrer des fournisseurs et des prestataires dès la conception, de façon à mettre en place les conditions d'un partenariat futur ;
- procédant immédiatement au sourcing complémentaire, si la mise en œuvre d'un tel dispositif s'avère nécessaire ;
- intégrant le facteur temps en termes de planification de l'achat à venir et d'organisation de son temps son travail ;
- etc.

Chapitre 4

OPTIMISER SON « PANEL DE FOURNISSEURS ET DE PRESTATAIRES »

La démarche stratégique exposée en début de la deuxième partie a montré que l'adéquation optimale du panel « fournisseurs et prestataires » aux besoins de l'entreprise était fondamentale pour asseoir et développer la performance achat.

L'acheteur doit donc créer les conditions d'une gestion dynamique de son panel « fournisseurs et prestataires » en procédant, autant que de besoin, et cela sur chacun de ses segments d'achats, à l'introduction organisée de nouveaux fournisseurs eu égard aux besoins :

- de la stratégie achats à mettre en œuvre : constitution ou besoin d'élargissement du marché de référence, utilisation de sources dans les pays à faibles coûts de main-d'œuvre, etc. (cf. p. 45) ;
- de remplacement des fournisseurs à risques ou de ceux dont les performances opérationnelles ne sont pas ou plus à hauteur des besoins de l'acheteur (taux de conformité ou de service insuffisant, non-respect ou non-implication dans les plans de progrès, etc.). Cela suppose que l'acheteur dispose d'un système d'évaluation de ses fournisseurs et prestataires ;
- d'augmentation du nombre de fournisseurs potentiels dans la perspective de créer les conditions d'une réelle mise en concurrence lors des appels d'offres futurs ;
- de satisfaire à des besoins nouveaux et futurs de l'entreprise.

Tout besoin de nouveau fournisseur (ou prestataire) engendre une action de **sourcing** qui se décompose en quatre étapes.

- Étape 1 : recherche des fournisseurs (ou prestataires) potentiels.
- Étape 2 : recueil d'informations auprès des fournisseurs présélectionnés.
- Étape 3 : sélection des fournisseurs (ou prestataires).
- Étape 4 : décision finale d'homologation.

Étape 1 ■ Recherche des fournisseurs potentiels

Parmi les différentes sources dont dispose l'acheteur pour repérer les fournisseurs potentiellement capables de répondre à sa problématique, citons :

- ▶ les sources internes, notamment les demandeurs ;
- ▶ les sources externes parmi lesquelles :
  - la presse : quotidienne, revues généralistes et spécialisées via les publicités, les reportages, les témoignages, etc. ;
  - les foires et salons professionnels ;
  - les ambassades, les consulats des pays ciblés ;
  - les syndicats professionnels, les fédérations ;
  - les postes d'expansion économique ;
  - le Centre français du commerce extérieur (CFCE) ;
  - les Chambres de commerce et d'industrie ;
  - les transporteurs et transitaires ;
  - les banques de données, annuaires informatisés ou moteurs de recherche tels que :
    - BOTTIN Entreprises
    - THOMAS GLOBAL REGISTER EUROPE
    - KOMPASS
    - FUSING (annuaire de fournisseurs asiatiques)
    - WLW (moteur de recherche de fournisseurs et prestataires européens)
    - etc. ;
  - les places de marchés B to B telles que :
    - EC21, place de marché asiatique B2B ;
    - GLOBALSOURCES ;
    - etc. ;
  - les clubs ou associations d'acheteurs.

Après ce recensement, l'acheteur peut – le cas échéant – effectuer un premier « écrémage », s'il apparaît qu'il existe des incompatibilités majeures à entamer des relations commerciales avec telle ou telle entreprise identifiée.

Étape 2 ■ Recueil d'informations auprès des entreprises présélectionnées

L'acheteur doit ensuite étudier et analyser les caractéristiques structurelles, économiques, techniques, commerciales, etc., des entreprises présélectionnées afin de s'assurer que leurs possibilités sont en relation avec les objectifs stratégiques qu'il poursuit.

Il contacte par écrit les différentes entreprises présélectionnées afin d'obtenir de leur part :

- des échantillons du produit concerné, voire des références tangibles s'il s'agit de services ;
- une offre de prix de façon à avoir une première approche tarifaire et pouvoir par conséquent positionner le fournisseur ou le prestataire sur le marché ;
- des informations relatives à leur société en termes :
  - de structure (forme juridique, liens capitalistiques amont et aval, principaux dirigeants), de taille (CA, effectif, nombre de sites, etc.) et de compétitivité (rentabilité, parts de marché, etc.) ;
  - de métier (savoir-faire, spécialité, etc.) ;
  - d'organisation, de ressources et de moyens (organisation commerciale, moyens et capacités de production et logistique, etc.) ;
  - de recherche et développement ;
  - etc.

! **À cette demande que l'acheteur doit nécessairement argumenter afin de susciter de la motivation chez les fournisseurs pressentis, en leur exposant notamment les enjeux (ou l'intérêt) pour eux à se faire référencer, il joint un questionnaire « fiche de renseignement fournisseurs » que le fournisseur (ou le prestataire) utilisera lors de sa réponse (cf. ci-après un exemple de fiche de renseignements fournisseurs).**

Fiche de renseignements fournisseurs	
Données générales et structurelles	
Raison sociale	
Structure juridique	
Actionnariat	
Liens capitalistiques	
Liaisons intersociétés	
Noms des dirigeants	
Métier, activité	
Stratégie, axes de développement	
Principaux sites	

Données financières				
Chiffre d'affaires (années précédentes, année en cours, prévisions)				
Année A-3	Année A-2	Année A-1	Année en cours	Prévisions A + 1
Rentabilité nette (années précédentes, année en cours, prévisions)				
Année A-3	Année A-2	Année A-1	Année en cours	Prévisions A + 1

Données commerciales	
Présentation politique commerciale	
Répartition du CA par famille de produits	
Principaux produits	
Parts de marché	
Principaux clients	

Moyens humains	
Effectif	
Répartition cadres/employés	
Répartition par fonction (production qualité, etc.)	
Moyenne d'âge	
Turnover	
Part de la masse salariale consacrée à la formation	

Moyens de production	
Parc machines	
Principales technologies utilisées	
Investissements prévus	
Capacité de production	
Nature des opérations sous-traitées	

Recherche & Développement	
Part du CA consacrée à la Recherche et Développement	
Nature des moyens affectés à la R & D	

Organisation des achats	
Organisation générale	
Principaux fournisseurs	

Organisation de la logistique	
Organisation générale	
Politique de stock	
Politique de distribution et transports	

Organisation de la qualité	
Organisation générale	
Certifications, labels, etc.	
Effectif de la fonction qualité	
Données collectées par :	
Dernière mise à jour :	

Étape 3 ■ Sélection des fournisseurs ou des prestataires

À réception des données et informations communiquées par les fournisseurs, l'acheteur procède à leur analyse :

– soit simultanément : le demandeur concerné analyse les échantillons tandis que l'acheteur étudie l'offre tarifaire et examine les « fiches de renseignements » ;
– soit selon un processus séquentiel (cf. ci-après exemple de logigramme de processus de sélection) : dès lors que les échantillons proposés et l'offre tarifaire présentent un réel intérêt, l'acheteur (ou le groupe constitué pour la sélection des fournisseurs) s'assure que les potentialités de l'entreprise étudiée sont en mesure de satisfaire ses besoins stratégiques.

Pour cela, l'acheteur utilise une « grille de sélection des fournisseurs » (cf. ci-après deux exemples) qui lui permet de traduire les différentes données communiquées par le fournisseur potentiel dans la « fiche de renseignements » en note d'aptitude à satisfaire le critère comme par exemple : *l'organisation commerciale du fournisseur est totalement adaptée (note 5) ou non (note 1).*

Spécifique à chaque entreprise, la grille de sélection fournisseurs intègre des critères suffisamment pertinents, discriminants pour la sélection de tous ses fournisseurs et prestataires.

Exemple de logigramme de processus de sélection fournisseurs

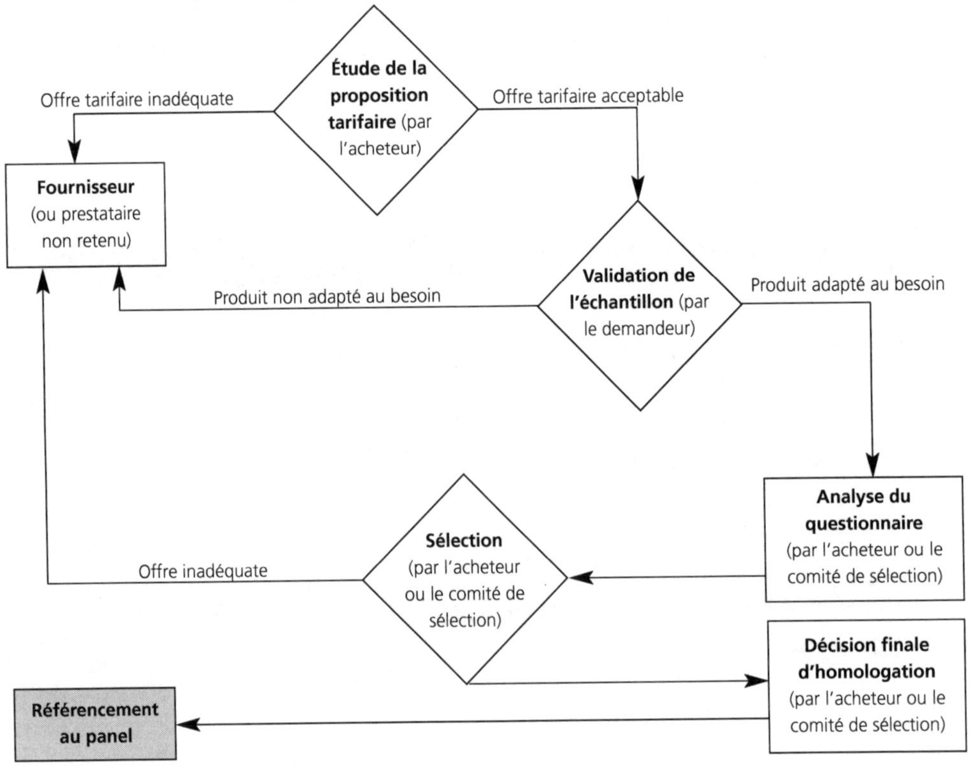

Grille de sélection fournisseurs et prestataires (Exemple 1)			
Nom du fournisseur : Date d'évaluation : Nom et visa de l'évaluateur :			
Critères de sélection	**Pondération**	**Note (1)**	**Total**
Indépendance capitalistique	1	2	2
Aspect financier : appartenance, pérennité financière, bilan, compte de résultat, etc.	2	3	6
Organisation commerciale	2	4	8
Positionnement concurrentiel du fournisseur sur le marché	2	3	6
Niveau d'adéquation entre la capacité de production du fournisseur et les besoins quantitatifs de l'entreprise	3	4	12
Niveau technologique des équipements de production	2	2	4
Techniques de production utilisées	2	5	10
Niveau de la R & D	1	3	3
Site de commande en ligne	1	2	2
Niveau des opérations sous-traitées par le fournisseur	1	3	3
Aspect Qualité (ISO 9001, TS...)	2	4	8
Poids du CA achats prévisionnel par rapport au CA du fournisseur	1	4	4
Total	20		**68**

Barème de notation proposé :

1 : Non acceptable	2 : Insuffisant	3 : Moyen	4 : Satisfaisant	5 : Très satisfaisant

Grille de sélection fournisseurs et prestataires (Exemple 2)				
Nom du fournisseur ou du prestataire : Date d'évaluation : Nom et visa de l'évaluateur :				
Critères de sélection	**Questionnement**	**Pondération**	**Note sur 5**	**Total/100**
Capabilité	Le fournisseur peut-il objectivement s'engager sur les exigences définies ?	4	2	8
Capacité	Le fournisseur peut-il faire face à la demande dans le laps de temps demandé ?	7	3	21
Fiabilité	Le fournisseur offre t-il les garanties suffisantes de pérennité ?	6	4	24
Compétitivité	Le fournisseur présente-t-il des avantages concurrentiels pérennes ?	3	4	12
	Total	20		**65**

Barème de notation proposé :

1 : Non	2 : Faiblement	3 : Moyennement	4 : Fortement	5 : Totalement

À l'issue de l'évaluation, l'acheteur (ou le groupe constitué pour la sélection) applique les modalités prévues par le dispositif (ou la procédure) de sélection des fournisseurs comme par exemple :

- tout fournisseur ou prestataire ayant une note supérieure à 65 est homologué et référencé dans le panel fournisseurs. Mais il se peut que l'homologation requiert des compléments d'analyse ou d'autres investigations, certains critères révélant des signes de faiblesse ; dans ce cas, l'acheteur (ou le comité de sélection) pourra, et selon le type d'achat :
  - soit diligenter un audit qualité complémentaire,
  - soit visiter le fournisseur ou rencontrer un représentant,
  - soit négocier avec le fournisseur afin de tester les marges de manœuvre commerciales,
  - soit procéder à une commande test,
  - soit recueillir des appréciations sur les références commerciales transmises par le fournisseur (cas de prestations de services ou intellectuelles),
  - etc. ;

- tout fournisseur ayant une note supérieure à 65 est présélectionné en vue d'un audit qualité, et ce n'est qu'à l'issue de cette évaluation qu'il sera homologué ;
- tout fournisseur ayant obtenu une note inférieure à 2 sur un critère considéré comme rédhibitoire est éliminé quelle que soit sa note globale.

Étape 4 ■ Décision finale d'homologation

À l'issue de ces vérifications complémentaires, l'acheteur (ou le comité de sélection) prend la décision finale d'homologation puis informe tous les fournisseurs de la décision finale.

Troisième partie

Améliorer ses pratiques opérationnelles

Dans la deuxième partie, nous avons présenté les différents outils que l'acheteur se devait de déployer le plus en amont possible de l'achat.

Si la mise en œuvre de ces outils est porteuse d'efficience, leur déploiement suppose aussi un étalement dans le temps, les résultats tangibles n'apparaissant qu'à moyen ou long terme.

Leur mise en œuvre ne doit pas, bien au contraire, dispenser l'acheteur de renforcer, voire optimiser, ses pratiques opérationnelles en :

- disposant d'une stratégie appropriée pour chacun de ses achats à réaliser ;
- utilisant tous les leviers achat à sa disposition ;
- améliorant son approche des négociations ;
- consolidant ses contrats d'achats ;
- adaptant ses processus à la nature de ses achats, selon qu'il s'agisse d'achats de :
  - fournitures,
  - sous-traitance,
  - prestations de service,
  - prestations intellectuelles.

Le déploiement de ces pratiques fait l'objet de cette troisième partie.

Chapitre 1

DISPOSER D'UNE STRATÉGIE APPROPRIÉE À CHAQUE ACHAT

Chacun connaît le vieil adage : « Quand on se sait pas où on veut aller, on est sûr de se retrouver ailleurs. »

Avant que le processus d'achat ne s'engage, l'acheteur a tout intérêt à définir la façon dont il doit s'y prendre pour le conduire et le réussir dans les conditions optimales ; autrement dit, il doit disposer d'une stratégie appropriée. Cette démarche consiste pour l'acheteur – et cela dès la prise en compte de la demande d'achat – à analyser les caractéristiques essentielles du besoin, à étudier le contexte de l'achat puis à dégager les grandes lignes de la démarche à mettre en œuvre : objectifs, tactique, actions, moyens, délais, etc.

L'élaboration de cette stratégie se décompose en neuf étapes.
- Étape 1 : analyse du besoin.
- Étape 2 : évaluation du contexte de l'achat.
- Étape 3 : identification des risques et contraintes liés à l'achat à réaliser.
- Étape 4 : prise en compte des caractéristiques du marché de référence.
- Étape 5 : analyse critique de la demande.
- Étape 6 : choix de la tactique à mettre en œuvre.
- Étape 7 : proposition d'alternatives au demandeur.
- Étape 8 : définition des modalités de mise en œuvre de l'achat.
- Étape 9 : rédaction de la fiche d'action achat.

Étape 1 • Analyse du besoin

Dès la prise en compte de la demande d'achat, l'acheteur appréhende la nature du besoin à satisfaire (caractéristiques, spécificités, enjeux) et s'assure de sa parfaite compréhension. L'analyse peut par exemple porter sur des points tels que :
- la nature et la spécificité du besoin ;
- le mode d'expression retenu pour la description du besoin (technique ou fonctionnelle) ;
- le contexte de la demande (origine, raisons de l'achat, etc.) ;

– la nature des enjeux pour le demandeur et pour l'entreprise ;
– le délai de mise en œuvre (en termes de livraison ou d'exécution) ;
– etc.

L'acheteur reporte les différents éléments analysés dans la « fiche d'action achat » (cf. exemple de fiche présentée p. 102).

Étape 2 • Évaluation du contexte de l'achat

Avant tout, l'acheteur se réapproprie les éléments de la stratégie achat définie pour le segment auquel est rattaché l'achat à réaliser, puis recueille ensuite toutes les données ou informations susceptibles de l'aider dans son achat. Cela peut consister, par exemple, à :

– rechercher l'existence d'achats antérieurs identiques : dans ce cas, il recense les prix pratiqués, identifie les couples prix/quantité ou répertorie les fournisseurs alors pressentis. Il peut actualiser le prix facturé lors du dernier achat à partir des indices et de la décomposition des prix et ainsi disposer d'un prix de référence ;
– identifier l'existence d'achats antérieurs similaires : par analogie ou par raisonnement, il peut construire un prix de référence, s'étalonner au niveau des temps passés, etc. ;
– utiliser l'expérience acquise sur des achats de même nature de façon à en repérer les facteurs clés de succès, à identifier les difficultés à prendre en compte, à recourir à des pratiques éprouvées, etc.

L'acheteur reporte les « éléments clés » recensés et analysés dans la « fiche d'action achat ».

Étape 3 • Identification des risques et contraintes liés à l'achat à réaliser

L'acheteur recense ensuite les risques liés à l'achat en termes de :

– sécurité ou pérennité d'approvisionnements ;
– sécurisation des délais ;
– fiabilité des produits ;
– etc.

Il identifie, évalue et/ou prend en compte les éventuelles contraintes internes d'achat ainsi que les contraintes de marché comme par exemple :
- un besoin exprimé sous forme d'un cahier des charges fermé ;
- de fortes exigences qualité de la part du demandeur ;
- un fournisseur imposé ;
- une offre fournisseurs concentrée ;
- un éloignement géographique des fournisseurs potentiels ;
- etc.

L'acheteur en rédige une synthèse dans la « fiche d'action achat ».

Étape 4 • Prise en compte des caractéristiques du marché de référence

L'acheteur se réapproprie les conclusions (si elles sont d'actualité) de l'étude de marché réalisée lors de l'élaboration de la stratégie du segment de l'achat à réaliser (cf. étape 4 du chapitre « Mettre en œuvre une démarche stratégique d'achat ») à savoir :
- les forces de son entreprise (ou du segment concerné par l'achat) sur lesquelles il peut s'appuyer lors de cet achat ;
- les faiblesses de son entreprise (ou du segment concerné par l'achat) qu'il va devoir intégrer et prendre en compte ;
- les opportunités que le marché lui offre ;
- les menaces et les risques que le marché fait peser sur le segment et par conséquent sur l'achat à réaliser.

Il reporte les différents éléments analysés dans la « fiche d'action achat ».

Étape 5 • Analyse critique de la demande

En fonction des points recensés ou analysés, l'acheteur peut être amené à se rapprocher du demandeur afin :
- de lui demander des compléments d'informations (données insuffisantes, incohérentes, ambiguës, etc.) ;

– d'émettre des recommandations, voire des réserves *(exemples : un délai demandé incompatible avec les contraintes du marché, une incohérence manifeste entre le besoin et le budget indiqué dans la demande, cahier des charges imprécis, etc.)*.

Il est évident que l'approche critique de l'acheteur est fondée et argumentée et se doit d'être accompagnée de solutions alternatives, de conseils, voire de propositions d'aide.

Étape 6 • Choix de la tactique à mettre en œuvre

En fonction des informations et données collectées, et bien entendu en cohérence avec la stratégie du segment concerné par l'achat à réaliser, l'acheteur décide des dispositifs, leviers et actions qu'il lui paraît pertinent de mettre en œuvre pour cadrer et réussir l'achat ; l'ensemble de ces décisions constitue sa stratégie. Il peut par exemple décider :

– de *globaliser (existence de demandes identiques en cours ou en devenir)* ;
– *de mettre en place une double source afin de prendre en compte les capacités de production limitées des fournisseurs du marché ou la nécessité de sécuriser les approvisionnements* ;
– *de faire appel à des fournisseurs de taille mondiale* ;
– *de promouvoir le recours à une solution standard* ;
– *de « faire » exprimer le besoin en termes fonctionnels plutôt que techniques* ;
– *d'inclure la notion de plan de progrès dans le dossier d'appel d'offres* ;
– *de réaliser l'achat dans un pays à faible coût de main-d'œuvre* ;
– *etc.*

L'acheteur enregistre ses décisions dans la « fiche d'action achat ».

Étape 7 • Proposition d'alternatives au demandeur

Dans certains cas, le déploiement de la stratégie retenue par l'acheteur peut impliquer un retour vers le demandeur afin :

- d'obtenir son adhésion et son accord explicite quant à la stratégie retenue ;
- de lui proposer une modification (ou mise à niveau) de sa demande eu égard à des suggestions ou recommandations telles que :

- recours à des produits standards ou à des solutions déjà éprouvées ;
- élaboration d'un cahier des charges fonctionnel plutôt que technique, si les délais le permettent ;
- etc.

Étape 8 • Définition des modalités de mise en œuvre de l'achat

Dès lors que l'acheteur a réduit, voire résolu, les contraintes liées à la demande, il élabore son approche tactique définitive en déclinant les principales modalités de mise en œuvre, comme par exemple :
- les leviers à déployer ;
- le type de commande ou de contrat à utiliser ;
- l'objectif de prix d'achat : en fonction des données en sa possession, l'acheteur peut se fixer un objectif de coût d'achat à atteindre ;
- les critères de présélection des fournisseurs ;
- le nombre de fournisseurs à consulter ;
- la planification des différentes étapes de l'achat : rétroplanning établi à partir de la date de livraison ou de réalisation ;
- etc.

! **L'acheteur consigne les modalités retenues dans la « fiche d'action achat ».**

Étape 9 • Rédaction de la fiche d'action achat

L'acheteur rédige la « fiche d'action achat » au fur et à mesure du traitement de chacune des huit étapes. Elle présente de nombreux avantages pour l'acheteur car :
- elle l'oblige à adopter une démarche rationnelle, à s'imposer des objectifs ;
- elle lui impose une méthodologie adaptée à chaque situation ; cela n'exclue pas des modifications de la stratégie « en cours de route », si de réelles opportunités apparaissent ;
- elle lui permet de conserver une traçablilité de sa démarche en vue d'achats ultérieurs (exploitation du retour d'expérience). Le cas échéant, elle peut lui permettre d'expliquer, voire de justifier, sa position et ses choix (cas d'achats délégués, d'audit achat, etc.).

Fiche d'action achat			
N° de la demande d'achat		**Nom de l'émetteur**	
Date de la demande d'achat		**Budget**	
Nom de l'acheteur		**Segment d'achat**	
Analyse du besoin	Nature et origine du besoin		
	Principaux enjeux		
	Délai de mise en œuvre		
Évaluation du contexte global de l'achat	Stratégie du segment		
	Nouvel achat (O/N)		
	Achats identiques	Prix référence	
		Analyse retour d'expérience	
	Achats similaires	Prix référence	
		Analyse retour d'expérience	
	Autres		
Identification des risques et contraintes liés à l'achat à réaliser			
Analyse des caractéristiques du marché de l'offre	Nature des rapports de force sur le marché		
	Mes forces sur le segment		
	Mes faiblesses sur le segment		
	Les opportunités à saisir		
	Mes risques		
Analyse critique de la demande	Recommandations, suggestions proposées au demandeur		
Stratégie à mettre en œuvre			
Retour du demandeur			
Modalités à mettre en œuvre			
Leviers à mettre en œuvre			
Objectif de prix d'achat			
Nombre d'entreprises à consulter			
Critères de présélection des fournisseurs			
Principaux jalons du processus			

Chapitre 2

UTILISER LES LEVIERS ACHAT

La mise en œuvre des stratégies élaborées par l'acheteur, y compris celle déployée pour chacun de ses achats, suppose le déploiement de leviers. Nous avons rappelé dans la première partie de cet ouvrage les leviers fondamentaux que constituent :

- la mise en concurrence ;
- la globalisation ;
- la planification ;
- la standardisation ;
- l'expression fonctionnelle du besoin ;
- la décomposition du prix de vente.

D'autres leviers ont été évoqués dans la deuxième partie de cet ouvrage. Le lecteur trouvera ci-dessous une liste récapitulative.

Analyse de la valeur	L'analyse de la valeur est une action de remise en cause de la conception d'un produit (bien ou service) selon une démarche, notamment d'analyse fonctionnelle, qui permet de trouver le compromis optimal entre le coût et les fonctions de services tout en assurant le niveau de qualité nécessaire et suffisant. En suscitant une telle démarche auprès de ses demandeurs, l'acheteur peut espérer réduire les coûts d'achats de manière significative.
Assurance qualité fournisseurs (AQF)	Le concept d'assurance qualité fournisseurs recouvre tous les moyens permettant de s'assurer de l'efficacité et de l'efficience des fournisseurs et des prestataires, au sens de la norme ISO 9001 ou autres, certains secteurs d'activités utilisant en effet des normes de management de la qualité plus exigeantes que la norme 9001. Parmi ces moyens, citons : – la réalisation d'audits des processus des fournisseurs certifiés ; – la production par les fournisseurs de plans d'assurance qualité spécifiques aux prestations fournies ; – la fourniture par les fournisseurs de plans de sécurisation ; – la mise en place de plans de progrès ; – etc. ; Lorsque l'entreprise acheteuse acquiert un niveau de confiance dans l'efficacité et l'efficience du système de management de la qualité d'un fournisseur, elle peut par exemple alléger ou supprimer certains contrôles quantitatifs et qualitatifs, voire intégrer certaines opérations et ainsi minimiser le coût de possession ou accélérer les flux matières.
Benchmarking achats	Le benchmarking est la méthodologie qui consiste à rechercher en permanence, chez les autres, les meilleures pratiques afin d'adopter, ou d'adapter leurs aspects positifs, ce qui permet de progresser plus rapidement et plus efficacement.

	L'acheteur ne doit pas hésiter à se rapprocher de collègues acheteurs (tant internes qu'externes) afin, dans la réciprocité, d'identifier des leviers, des facteurs clés de succès sur lesquels il pourrait s'appuyer afin de réaliser plus rapidement ses objectifs (exemples : comment mener tel achat de bien ou de service ? comment approcher un marché géographique donné ? L'acheteur peut aussi envisager de recourir à un benchmarking de prix d'achat avec des entreprises du même secteur, d'autres secteurs d'activité, etc.
Externalisation	À la différence de la sous-traitance, l'externalisation se caractérise par le transfert durable d'une fonction ou d'une activité et s'accompagne très souvent d'un transfert de responsabilités soumettant ainsi le prestataire à une obligation de résultat. Elle est souvent consécutive à une réflexion « Make or Buy ».
E-achats **Intégration des fournisseurs**	Excepté de « grosses » structures qui ont créé leurs places de marché ou se sont dotées de catalogues électroniques, le concept de e-achat a souffert de l'éclatement de la bulle Internet. Cela étant, certains concepts ont survécu et l'acheteur se doit d'en étudier toutes les opportunités d'utilisation. Parmi ces concepts, citons notamment : – les portails marchands des fournisseurs ; – les enchères inversées ; – les places de marché, notamment asiatiques ; – les sites de déstockage ; – etc.
Intégration des fournisseurs	La démarche consiste à intégrer progressivement le fournisseur dans les fonctions Recherche et développement, Production, Logistique de l'entreprise. Ainsi, un fournisseur qui a la charge du développement d'un sous-ensemble s'en voit ensuite confier la conception, puis la réalisation et la production d'ensembles complets.
Intégration verticale	L'entreprise cliente achète ou filialise son fournisseur de façon à maîtriser la source d'approvisionnement.
Make or buy	Dans certains cas, il peut être plus pertinent pour l'entreprise de « faire faire » plutôt que de « faire » pour des raisons de coûts, de réactivité, de souplesse. Avant toute décision de « faire faire » (sous-traitance ou prestations de services), il appartient à l'acheteur d'en évaluer les avantages et les inconvénients. • Avantages du « faire faire » : – augmentation des volumes sans investissement ; – recentrage de l'entreprise sur son cœur de métier ; – régulation de la charge de production ; – introduction de la flexibilité ; – etc. • Inconvénients et risques du « faire faire » : – risque de non-optimisation du parc de production ; – risque de défaillance du sous-traitant ; – perte de savoir-faire industriel ; – perte de confidentialité ; – duplication d'outillage pouvant être coûteuse en cas de multisource ; – risque de dépendance ; – réintégration d'opérations sous-traitées souvent difficile ; – risque de créer de nouveaux concurrents ; – etc.

Partenariat	C'est une alliance de longue durée où chaque entreprise apporte le maximum de ses possibilités afin que le résultat soit le plus profitable pour les deux partenaires. C'est une relation de réciprocité allant au-delà de la négociation. Dans une telle relation, le risque de dépendance par rapport au fournisseur n'est pas à négliger. Le contrat de partenariat doit nécessairement inclure des clauses d'engagement de réduction de prix, d'amélioration du produit, de respect des délais, voire des plans de progrès.
Plan de progrès	Dans une démarche de progrès, le fournisseur s'engage, sur une période donnée, à améliorer ses performances de manière régulière dans le cadre d'un **plan de progrès** qui fixe par exemple des objectifs d'amélioration sur la qualité, les coûts, les délais, le service, l'innovation.
Plan de sécurisation	C'est un document qui énonce les mesures que le fournisseur a prévu de mettre en œuvre afin d'assurer la sécurité des approvisionnements en cas de défaillance.
Sourcing	C'est la démarche qui permet d'introduire de nouveaux fournisseurs ou prestataires de manière rationnelle et progressive, selon un processus en quatre étapes : – recherche des fournisseurs (ou prestataires) potentiels ; – recueil d'informations auprès des fournisseurs présélectionnés ; – sélection des fournisseurs (ou prestataires) ; – décision finale d'homologation.

Chapitre 3

RENFORCER SA CAPACITÉ À NÉGOCIER

Ultime phase du processus d'achat amont avant l'établissement de la commande ou du contrat, la négociation a pour objet :
- d'améliorer les conditions initiales des fournisseurs retenus, qu'elles soient de nature commerciale (prix, modalités d'évolution du prix, conditions de paiement, garanties, etc.), logistique (délais, disponibilités, gestion des non conformités, etc.), financière ou juridique ;
- de parvenir à un accord sur les clauses du contrat ou de la commande.

La négociation est avant tout un dialogue entre deux parties ayant l'intention de conclure un accord entre elles, chacune des parties essayant d'amener l'autre à adopter sa position, soit en totalité, soit partiellement par l'établissement d'un compromis.

Quel que soit le type d'achat à réaliser, l'acheteur doit préparer soigneusement la négociation en respectant les cinq étapes suivantes.
- Étape 1 : établissement de la liste de fournisseurs à rencontrer.
- Étape 2 : prise de contact avec les fournisseurs.
- Étape 3 : préparation de l'entretien.
- Étape 4 : entretien de négociation.
- Étape 5 : choix du fournisseur.

Étape 1 • Établissement de la liste des fournisseurs à rencontrer

La négociation se situe après la phase de comparaison des offres (voire de mise au point technique ou commerciale) qui a permis de repérer les offres les plus attractives, tant du point de vue technique que commercial.

Rappelons que la phase de mise au point a pour objet, si besoin est, de mettre à niveau :
- d'une part, des offres qui, même si elles sont pertinentes, ne répondent pas pleinement aux exigences du besoin (tant sur un plan technique que commercial) du fait de légères interprétations du cahier des charges de la part du fournisseur

ou du choix d'options techniques acceptables mais non partagées par le demandeur, etc. ;
- d'autre part, celles qui nécessitent des compléments d'informations.

Toutes les offres retenues en vue de la négociation répondent nécessairement au besoin.

Étape 2 • Prise de contact avec les fournisseurs

Lors de l'entretien qu'il a avec le vendeur afin de déterminer le lieu, la date et l'horaire du rendez-vous, l'acheteur ne dévoile pas ses intentions.

La rencontre avec le fournisseur peut se faire aussi bien dans l'entreprise de l'acheteur que dans les locaux du vendeur (lors d'une visite chez lui par exemple), voire par téléphone. Chacune de ces situations présente des avantages et des inconvénients que l'acheteur doit appréhender.

▪ Négociations par téléphone

La négociation au téléphone doit être réservée aux dossiers relativement simples ou à faibles enjeux : faible espérance de gains, peu de points à négocier, finalisation de points secondaires, etc.

Sauf contraintes particulières (éloignement du fournisseur, délai d'approvisionnement très court, etc.), la rencontre en face-à-face doit être systématisée pour tous les dossiers importants.
Toutefois, lorsque l'acheteur doit négocier par téléphone, il s'assure que son interlocuteur est disponible pour cela. Dans le cas contraire, il vaut mieux reporter la discussion et convenir d'un rendez-vous téléphonique : la négociation sera menée suivant les principes exposés à l'étape 3 ci-après.

▪ Négociations dans l'entreprise de l'acheteur

Lorsqu'il négocie dans son entreprise, l'acheteur évolue dans un milieu connu, dans un monde qu'il connaît. Il est plus à l'aise.

Si les usages internes et les procédures de sécurité le permettent, il peut recevoir le vendeur soit dans son bureau, soit dans une salle de réunion, soit dans un box de réception, ce qui permet de créer des conditions différentes quant au climat de travail.

NÉGOCIATIONS DANS LE BUREAU DE L'ACHETEUR

C'est dans son bureau, par essence son espace d'intimité professionnelle, que l'acheteur est le plus à l'aise, avec l'avantage de disposer de toutes les données à portée de main.

En recevant dans son bureau, l'acheteur peut, selon les objectifs poursuivis, soit donner de la solennité à l'entretien soit montrer l'importance qu'il accorde au vendeur, surtout si auparavant, celui-ci a toujours été reçu dans une salle de réunion ou dans un box de réception.

Cela étant, le vendeur peut profiter de la situation pour étudier l'environnement de l'acheteur (photos de la famille sur le bureau, objets personnels, dossiers en cours oubliés sur le bureau, etc.) et l'utiliser lors de la négociation ou de négociations ultérieures.

NÉGOCIATIONS DANS UNE SALLE DE RÉUNION OU UN BOX DE RÉCEPTION

En recevant le vendeur dans une salle de réunion ou un box de réception, l'acheteur élimine les inconvénients précédents, conserve les avantages du territoire connu tout en créant les conditions d'un climat plus neutre.

▪ Négociations dans les locaux du fournisseur

Les avantages et inconvénients s'inversent quand les lieux changent. Toutefois, si une négociation nécessite plusieurs entretiens, il peut être envisagé des entretiens tantôt chez le fournisseur, tantôt chez l'acheteur.

Préalablement à la prise de contact avec le fournisseur, l'acheteur s'assure qu'il dispose du lieu adéquat pour recevoir le vendeur mais aussi du temps suffisant et nécessaire à la négociation.

Étape 3 • Préparation de l'entretien

Lors de la préparation de la négociation, l'acheteur aborde et traite successivement les six points suivants.

- Analyse du contexte de la négociation.
- Collecte d'informations sur le fournisseur, son marché et son produit.
- Collecte d'informations sur le vendeur.
- Préparation du dossier.
- Préparation tactique.
- Rédaction de la fiche de préparation.

1 ▪ Analyse du contexte de la négociation

L'acheteur se doit d'abord d'apprécier les risques encourus ainsi que les enjeux de la négociation pour son entreprise et pour lui-même (gains, préjudices éventuels). Il doit aussi apprécier les enjeux pour le fournisseur : *souhaite-t-il accroître sa part de marché, gêner un concurrent, prendre des volumes afin de consolider son plan de charge ?, etc.*

2 ▪ Collecte d'informations sur le fournisseur, son marché et son produit

La collecte d'informations sur le fournisseur, son marché et son produit a pour objet de repérer toutes les informations d'ordre technique, économique ou commercial, relatives aux forces et faiblesses du fournisseur, susceptibles de servir de base à la construction des arguments de négociation.

La connaissance approfondie de l'entreprise du fournisseur ainsi que les données collectées lors de l'étude du marché de référence du segment concerné par l'achat (cf. chapitre « Mettre en œuvre une démarche stratégique d'achat »). aident fortement l'acheteur lors de la préparation de sa négociation.

Citons, à titre d'exemple, quelques données significatives, sources potentielles d'arguments.

- Données relatives à l'entreprise du fournisseur :
  - *son chiffre d'affaires, son évolution d'une année sur l'autre, sa tendance par rapport à celle du marché, etc. ;*
  - *sa part de marché globale et son évolution d'une année sur l'autre, sa tendance par rapport à celle du marché, etc. ;*
  - *son résultat financier ;*
  - *ses capacité de production ;*
  - *son niveau de service par rapport à la concurrence ;*
  - *ses performances (qualité des produits livrés, respect des délais de livraison, réactivité, etc.) ;*
  - *etc.*

- Données relatives au marché :
  - *intensité des rapports de force entre les offreurs et les demandeurs ;*
  - *les tendances du marché (décroissance, stagnation, croissance) ;*
  - *les possibilités du marché en terme de capacité ;*
  - *l'évolution du cours des matières premières ;*
  - *la concurrence à l'achat ;*
  - *etc.*

- Données relatives au produit :
  - *ses caractéristiques ;*
  - *ses avantages concurrentiels (atouts, faiblesses) ;*
  - *sa position dans le cycle de vie (croissance, maturité, déclin, etc.) ;*
  - *sa part de marché ;*
  - *etc.*

3 ▪ Collecte d'informations sur le vendeur

S'il a déjà eu l'occasion d'échanger avec lui, l'acheteur cerne le profil du vendeur en repérant :
- ses points forts et ses points faibles ;
- son degré de technicité ;
- son pouvoir de décision ;
- sa personnalité (son caractère, ses passe-temps, ses manies, etc.) ;
- son style : il existe globalement quatre grands styles de négociateurs (cf. tableaux ci-après), chacun d'eux engendrant des comportements différents que l'acheteur doit appréhender afin de s'y adapter.

L'actif

Dominante principale du vendeur	C'est un homme d'action : il a la volonté de réussir, d'aller jusqu'au bout
Domaine d'intérêt, mots-clés du vendeur	Efficacité, objectifs, résultats, responsabilité, performances, progrès, etc.
Ses traits dominants	Pragmatique, direct, impatient, décidé, rapide, énergique, etc.
Conduite à adopter par l'acheteur • Présenter les conclusions d'abord • Mettre l'accent sur les résultats • Être bref, concret, synthétique	

Le méthodique

Dominante principale du vendeur	C'est un homme de méthode : il privilégie la stratégie, les faits, l'organisation
Domaine d'intérêt, mots-clés du vendeur	Analyse, contrôle, organisation, processus, preuves, etc.
Ses traits dominants	Logique, concret, prudent, patient, etc.
Conduite à adopter par l'acheteur : • Être précis, exposer les faits avec ordre et méthode • Proposer des alternatives avec avantages et inconvénients • Être patient, prendre son temps • Lui laisser le temps de se déterminer	

Le communicant

Dominante principale du vendeur	C'est un homme de communication : il privilégie la relation et le travail en groupe
Domaine d'intérêt, mots-clés du vendeur	Communication, motivation, partenariat, sentiments, etc.
Ses traits dominants	Spontané, compréhensif, chaleureux, émotif, subjectif, perspicace, sensible, etc.
Conduite à adopter par l'acheteur • Prendre le temps de bavarder et d'écouter • Exposer le point de vue avec conviction • Valoriser l'interlocuteur • Faire preuve de grande ouverture	

Le cérébral

Dominante principale du vendeur	C'est un homme d'idées : il manie les concepts, privilégie l'innovation et les théories
Domaine d'intérêt, mots-clés du vendeur	Créativité, innovation, méthodes, perspectives, etc.
Ses traits dominants	Imaginatif, parfois difficile à comprendre, irréaliste, voire utopiste, créateur, etc.
Conduite à adopter par l'acheteur • Consacrer assez de temps à la discussion et laisser l'interlocuteur s'exprimer • Commencer par le général puis aller progressivement vers le détail • Montrer que ses idées sont passionnantes • Ne pas le frustrer dans ses développements	

L'acheteur doit aussi découvrir les motivations du vendeur en terme d'enjeu personnel : est-ce que la prise de commande lui permet de réaliser ses objectifs de vente ? a-t-elle un impact sur sa rémunération ?, etc.

Dans le cas de négociations avec des étrangers, l'acheteur doit connaître et assimiler les différentes cultures.

4 ▪ Préparation du dossier

Au cours de cette phase, l'acheteur détermine les points à négocier ainsi que les objectifs à atteindre et élabore ses arguments.

▪ Détermination des points à négocier

L'acheteur détermine les points à négocier. Toutes les clauses d'une commande ou d'un contrat sont quasiment négociables, qu'elles soient commerciales, techniques, juridiques, etc. L'ensemble des points négociés constituera les clauses contractuelles.

Exemples de clauses commerciales (tous types d'achats confondus) :
Le prix (prix unitaires ou par quantité) et sa nature (ferme ou révisable), etc.
Le conditionnement, l'emballage.
Les conditions de transport, les INCOTERMS.
Les pénalités : de retard, de non-atteinte des résultats, etc.

Les conditions de paiement.
Les conditions de service après-vente.
La durée et le contenu de la garantie (pièces et main-d'œuvre, réparations sur site ou chez le fournisseur, garantie de délai de réparation, etc.).
Les frais de déplacement (cas d'achat de prestations intellectuelles).
Etc.

Exemples de clauses techniques (tous types d'achats confondus) :
Les exigences qualités (traitement des non-conformités, etc.).
La nature de l'obligation de résultat.
Le contenu des plans de progrès.
Les documentations techniques, plans à fournir.
Etc.

Exemples de clauses juridiques (tous types d'achats confondus) :
Les clauses d'annulation, de résiliation.
Le transfert de propriété.
Les clauses d'exclusivité, de confidentialité.
Les conditions générales d'achat.
Etc.

▪ Définition des objectifs

Si les objectifs de négociation (tant quantitatifs que qualitatifs) doivent être volontaristes, ils doivent aussi être réalistes. Pour définir ses objectifs, l'acheteur dispose de nombreux moyens, parmi lesquels :
- les offres proposées par les entreprises consultées lors de l'appel d'offres ;
- les décompositions de prix communiquées par les fournisseurs consultés ;
- les résultats des actions de « benchmarking » réalisées sur le segment d'achat ;
- l'analyse des historiques des achats identiques, voire similaires précédemment réalisés (cf. « fiche d'action achat ») ;
- etc.

▪ Élaboration de l'argumentation

L'acheteur élabore ensuite les arguments spécifiques à chacun des points à négocier. Les arguments doivent être suffisamment pertinents et convaincants pour amener le vendeur à modifier son offre initiale. L'acheteur construit ses arguments à partir :

- des informations collectées sur le fournisseur, le marché et le produit ;
- des forces et opportunités identifiées lors de l'étude de marché ;
- de l'analyse des offres des différentes entreprises consultées ;
- de la décomposition des prix de vente et de l'analyse comparative des différents constituants du prix ;
- de ses achats précédents (identiques ou similaires) ;
- des leviers utilisables (cf. « fiche d'action achat ») ;
- etc.

L'acheteur valide chaque argument retenu en imaginant l'objection possible du vendeur. Il s'assure ainsi que son argumentation est suffisamment solide par rapport à ce qu'il souhaite obtenir ; si ce n'est pas le cas, il élabore un autre argument plus pertinent.

■ HIÉRARCHISATION DES POINTS À NÉGOCIER

La négociation est un acte de réciprocité, voire d'échange. Si l'acheteur campe sur ses positions et ne donne rien en échange, il risque de créer une situation de rapport de force conflictuelle pouvant conduire au marchandage. Il doit donc identifier ce qui est négociable et ce qui ne peut pas l'être.

Pour cela, il hiérarchise les points à négocier en fonction de leur impact sur son achat en distinguant :

- les points prioritaires : ceux sur lesquels sa position ne peut qu'être intransigeante ;
- les points secondaires : ceux sur lesquels il peut concéder tout en fixant des limites à sa concession ;
- les points accessoires : ceux qui ne sont pas nécessairement utiles mais qui peuvent être utilisés, si nécessaire, pour d'éventuelles concessions.

Pour l'ensemble de ces points, et plus particulièrement pour les deux premiers, l'acheteur recense ce qu'il peut proposer en contrepartie d'une concession du vendeur.

Les points peuvent ainsi être codifiés :

- **1** correspond à une position intransigeante.
- **2** correspond à un point négociable, avec toutefois une limite plancher.
- **3** correspond à un point sur lequel l'acheteur peut céder.

L'acheteur reporte ses conclusions dans la « matrice des positions acheteur/vendeur » (cf. ci-dessous).

Matrice des positions acheteur/vendeur					
Points à négocier	**Objectif acheteur**	**Position acheteur**	**Position supposée du vendeur**	**Niveau de difficulté supposée de la négociation**	**Ordre de négociation**
Prix	9800 €	2			
Délai	1 semaine	1			
Pénalités de retard	oui	1			
Garantie	15 mois	3			

5 ▪ Préparation tactique de la négociation

Sachant qu'il lui appartient de conduire la négociation à venir, l'acheteur détermine ensuite l'ordre dans lequel il va introduire les différents points à négocier. Pour cela, il construit son cheminement en appliquant les deux principes suivants.

- Chaque point sera abordé l'un après l'autre, l'acheteur ne passera au point suivant que lorsqu'il aura atteint ses objectifs.
- Les points seront introduits dans l'ordre croissant de leur difficulté supposée ; autrement dit, l'acheteur commencera la négociation par un point facile et terminera par un point difficile, voire de rupture.

Afin d'apprécier le niveau de difficulté de chaque point à négocier, il lui faut donc imaginer les positions de son interlocuteur. Il se place ensuite du côté du vendeur, et de la même façon qu'il l'a fait précédemment pour lui, il évalue les intentions possibles de ce dernier et reporte ses conclusions dans la matrice des positions acheteur/vendeur.

- **1.** correspond à une position supposée intransigeante du vendeur.
- **2.** correspond à une position supposée négociable par le vendeur, avec toutefois un plancher.
- **3** correspond à un point sur lequel le vendeur doit pouvoir céder.

Matrice des positions acheteur/vendeur					
Points à négocier	**Objectif acheteur**	**Position acheteur**	**Position supposée du vendeur**	**Niveau de difficulté supposée de la négociation**	**Ordre de négociation**
Prix	9800 €	2	1		
Délai	1 semaine	1	3		
Pénalités de retard	oui	1	1		
Garantie	15 mois	3	2		

Les positions respectives des deux parties sur les points à négocier permettent à l'acheteur d'évaluer le niveau de difficulté supposée. Ainsi avec :

- position 1 de l'acheteur face à une position 1 supposée du vendeur : la négociation risque d'être très difficile, voire proche de la rupture (D à B) ;
- position 2 de l'acheteur face à une position 2 du vendeur : la négociation sera probablement ouverte avec un niveau de difficulté de moyen à difficile (M à D) ;
- position 3 de l'acheteur face à une position 3 supposée du vendeur : la négociation risque d'être très ouverte, voire facile (F) ;
- position 1 de l'acheteur face à une position 3 supposée du vendeur : l'atteinte de l'objectif visé par l'acheteur est plus que probable (F) ;
- position 3 de l'acheteur face à une position 1 ou 2 supposée du vendeur : l'acheteur devra vraisemblablement faire une concession (M à D) ;
- etc.

Matrice des positions acheteur/vendeur					
Points à négocier	**Objectif acheteur**	**Position acheteur**	**Position supposée du vendeur**	**Niveau de difficulté supposée de la négociation**	**Ordre de négociation**
Prix	9800 €	2	1	M à D	
Délai	1 semaine	1	3	F	
Pénalités de retard	oui	1	1	D à B	
Garantie	15 mois	3	2	M à D	

Les niveaux de difficulté supposée étant identifiés, l'acheteur définit l'ordre dans lequel il introduira les différents points à négocier en appliquant les principes de base énoncés ci-dessus. Il cherche aussi à placer d'entrée un point certes facile mais en même temps, susceptible de lui permettre d'obtenir une concession du vendeur dès le début de la négociation.

Les points suivants seront ensuite amenés de façon que leurs niveaux de difficulté supposée aillent crescendo, avec par exemple :
- un premier point facile sur lequel le vendeur va céder ;
- un second point de difficulté moyenne sur lequel l'acheteur prévoit, au pire, de concéder dans les limites qu'il s'est fixées ;
- un dernier point susceptible d'engendrer une rupture.

Cela étant, dans le cas où l'analyse des positions fait apparaître de nombreux points de rupture possibles, l'acheteur doit construire un cheminement alternant :
- des points de rupture et des points de difficulté moyenne à difficile ;
- des concessions réciproques.

6 ▪ Rédaction de la fiche de préparation

Au fur et à mesure des différentes phases de la préparation, l'acheteur renseigne la « fiche de préparation de négociation » (exemple de fiche ci-après) en reportant les points à négocier, avec pour chacun d'entre eux :
- l'objectif à atteindre ;
- les arguments à déployer ;
- les concessions ou contreparties envisageables ;
- le niveau d'importance ;
- l'ordre de négociation.

Fiche de préparation de négociation						
Dossier achat n° : Préparé par : Négociation prévue le :				Nom du fournisseur ; Nom de l'interlocuteur :		
Points à négocier	Offre initiale	Objectif à atteindre	Arguments à développer/concessions ou contreparties envisageables	Hiérarchisation des points (zone de repli)	Ordre de négociation	Résultats obtenus
Faits marquants identifiés pendant la négociation :						

Étape 4 • Entretien de négociation

L'entretien de négociation se décompose en quatre phases.
- Phase 1 ▪ accueil.
- Phase 2 ▪ introduction à la négociation.
- Phase 3 ▪ négociation proprement dite.
- Phase 4 ▪ conclusion de la négociation.

Phase 1 ■ L'accueil

L'accueil est un moment fort. On dit souvent « qu'il est rare que l'on ait une deuxième chance de faire une bonne impression ». Le visage ouvert et une expression de cordialité ou de fermeture, le regard franc ou fuyant, la poignée de main (ferme ou molle, enveloppante ou du bout des doigts) constituent, avec l'allure générale et la tenue vestimentaire, les premiers éléments d'information sur l'interlocuteur.

Lors de cette phase, l'acheteur fait appel au rituel habituel des civilités de l'accueil en évoquant les conditions de déplacement de l'interlocuteur, les conditions atmosphériques, etc., ou en lui proposant un rafraîchissement ou un café.

Quelques règles de base à appliquer lors de la phase d'accueil

Il faut	Il ne faut pas
• Être ponctuel • Accueillir aimablement le vendeur de façon à établir une relation de confiance • Donner une image de soi positive • Observer le vendeur pendant que l'on parle afin de cerner son style, son comportement • Évaluer rapidement le rapport de force en présence	• Dévaloriser l'interlocuteur, par son attitude ou ses remarques, un retard important • Entrer dans la négociation en ignorant cette phase des préliminaires

Phase 2 ■ Introduction à la négociation

Cette phase, essentielle, permet à l'acheteur de prendre l'ascendant sur l'entretien. Dès lors qu'il considère la phase d'accueil terminée, l'acheteur rappelle l'objet et le contexte de l'entretien sans dévoiler ses intentions, tout en évoquant, si cela est le cas, les aspects positifs des relations commerciales actuelles ou les perspectives d'une relation durable.

Il peut profiter de cette prise de parole pour, le cas échéant, exposer ses règles de travail ou rappeler certains éléments de la politique achat de son entreprise, voire rappeler ses conditions générales d'achat.

Après cet exposé, qui se doit d'être court, concis et concret, l'acheteur invite le vendeur à se présenter ou, s'ils se connaissent, lui demande s'il a des informations à lui communiquer sur sa société. C'est une façon de lui donner la parole et ce peut être l'occasion pour l'acheteur de cerner les motivations et les valeurs du vendeur. L'observation de ses attitudes, la façon dont il choisit ses mots livrent des informations sur sa personnalité (cf. paragraphe ci-après « L'approche relationnelle de la négociation », p. 124).

Après ces préliminaires, la négociation proprement dite peut commencer.

Quelques règles de base à appliquer lors de la phase d'introduction

Il faut	Il ne faut pas
• Prendre immédiatement l'ascendant sur l'entretien dès le début de cette phase • S'informer rapidement du pouvoir de décision du vendeur • Évaluer son niveau de compétence • Susciter l'intérêt du vendeur à travailler avec vous • Noter ce que dit le vendeur (et cela tout au long de l'entretien)	• Laisser le leadership de l'entretien au vendeur (très souvent consécutif à un silence de l'acheteur) • Dévoiler ses motivations d'achat par une volonté de convaincre trop tôt • Perdre le regard de son interlocuteur qui profitera de cette occasion pour reprendre la main • Se faire déborder par des considérations techniques ou autres • Se laisser entraîner dans des considérations hors sujet, notamment techniques • Se laisser enfermer dans la position du questionné

Phase 3 ■ Négociation proprement dite

Cette étape se déroule suivant la séquence ci-après.
– a) Exposé des faits.
– b) Désaccord du vendeur.
– c) Apparition d'une nécessité de résoudre.
– d) Recherche de solutions et choix d'une solution de compromis.
– e) Reformulation du point d'accord.

a) Exposé des faits

L'acheteur introduit le premier point à négocier en exposant les faits : rappel des positions initiales des parties, reprise des termes de la consultation et de l'offre, etc. ; il s'assure que le vendeur est d'accord sur l'énoncé de départ.

Pendant cet exposé des faits relatifs au premier point à négocier, l'acheteur observe attentivement le vendeur car ses réactions se lisent sur son visage et s'interprètent par ses changements de position (cf. paragraphe ci-après « L'approche relationnelle de la négociation », p. 124).

b) Désaccord du vendeur

Dans la plupart des cas, le vendeur commence par justifier ou défendre sa proposition initiale et manifeste ainsi son désaccord avec l'acheteur.

Tant que le vendeur n'a pas admis la nécessité de concéder et estime par conséquent disposer d'arguments plus pertinents que ceux de l'acheteur, l'accord est improbable. À ce stade, l'unique objectif de l'acheteur est de transformer, par le déploiement de ses arguments, le désaccord du vendeur en une volonté ou un besoin de résoudre.

c) Apparition d'une nécessité de résoudre

Il apparaît un instant où par une parole, un geste, le vendeur manifeste son intention de résoudre ce désaccord.

L'acheteur saisit immédiatement la proposition ou la volonté d'ouverture exprimée par le vendeur, sinon il y a grand risque que celui-ci réintroduise l'objection initiale.

Quelques règles de base à appliquer lors de la négociation proprement dite

Il faut	Il ne faut pas
• Faire parler son interlocuteur en utilisant des questions ouvertes (comment pouvez-vous justifier votre prix ? Que me proposez-vous ?) • Savoir écouter et prendre le temps d'écouter. • Avoir un discours cohérent, concret, concis. • Disposer d'arguments cohérents et non contradictoires. • Rester insensible à toute tentative de dramatisation, d'amalgame, d'amplification, tout en ramenant le vendeur aux faits, au sujet. • Prendre des notes afin de pouvoir rebondir sur les erreurs du vendeur, ses failles de raisonnement, ses incohérences, etc.	• Laisser le vendeur revenir à une position de désaccord alors qu'il avait manifesté une intention de résoudre. • Se faire déborder par des considérations techniques. • Se laisser entraîner sur un sujet qui n'est pas celui faisant l'objet de la discussion. • Affirmer une position sans prendre le recul nécessaire à l'écoute du vendeur. • Ne pas approfondir des points qui semblent ambigus. • Poser plusieurs questions en même temps, ce qui permet au vendeur de choisir celle à laquelle il souhaite répondre. • Ne pas tenir compte de la personnalité du vendeur, de son style. • Ne pas laisser l'interlocuteur s'exprimer jusqu'au bout en l'interrompant. • Demander un geste commercial absolument gratuit : le vendeur ne vient pas pour faire un effort.

d) Recherche de solutions et choix d'une solution de compromis

Le vendeur se situant maintenant dans une position d'acceptation de la négociation, ce qui ne veut pas dire d'accord, un climat propice à l'échange et à la négociation s'est installé entre les parties. Elles sont a priori en phase pour étudier et rechercher ensemble toutes les solutions qui pourraient faire l'objet d'un compromis acceptable pour chacune d'entre elles.

(!) **Après l'échange, l'acheteur et le vendeur choisissent la solution qui constitue le point d'accord.**

Quelques règles de base à appliquer de la recherche de solutions

Il faut	Il ne faut pas
• Proposer des solutions au conditionnel en les situant dans un futur éloigné ; ce qui a l'avantage de ne pas impliquer directement l'autre. • Obtenir des points d'accord précis et pousser pour obtenir un de plus. • Laisser l'interlocuteur exprimer ses propositions et ses solutions jusqu'au bout. • Susciter l'intérêt du vendeur en lui présentant l'intérêt et les avantages qu'il a à accepter votre solution, ce qui suppose de disposer d'arguments pertinents. • Etc.	• Demander plus que nécessaire. • Promettre sans être sûr de tenir. • Raisonner en fonction du seul critère prix et non en coût global. • Laisser le vendeur revenir à une position de désaccord alors qu'il avait manifesté une intention de résoudre. • Ne pas casser brutalement ses objections ; au contraire exploiter la partie « accord » de l'objection. • Etc.

e) Reformulation du point d'accord

L'acheteur reformule le point d'accord et ne passe au point suivant qu'après avoir obtenu un « oui » de la part du vendeur. Il enregistre le point d'accord sur la « fiche de préparation de négociation ».

(!) **L'acheteur passe ensuite au deuxième point à négocier en appliquant les mêmes règles et ainsi de suite jusqu'à la dernière clause à négocier.**

Phase 4 ■ La conclusion de la négociation

Lorsqu'il a abordé l'ensemble des points à négocier, et après s'être assuré que le vendeur n'avait plus de sujet à aborder, l'acheteur conclut l'entretien en récapitulant les différents points négociés puis demande au vendeur de confirmer ce qui a été énoncé ; en l'occurrence, la réponse ne peut être que « oui ».

Quelques règles de base à appliquer lors de la conclusion

Il faut	Il ne faut pas
• Savoir arrêter la négociation à temps afin d'éviter tout marchandage. • Respecter les limites au-delà desquelles les intérêts de l'une ou de l'autre des parties seraient lésés. • Maintenir un climat de collaboration et de confiance. • Etc.	• Conclure hâtivement avec le risque de laisser passer une opportunité. • Laisser conclure le vendeur. • Oublier qu'un accord doit être équilibré. • Abuser de sa force. • Faire traîner la négociation. • Etc.

Étape 5 • Choix du fournisseur

Lorsqu'il considère avoir obtenu tout ce qui était possible de la part de chacun des fournisseurs qu'il a rencontrés, et après avoir eu confirmation ultérieure des engagements pris par le vendeur lors de la négociation, l'acheteur choisit le fournisseur le mieux adapté à la situation.

L'approche relationnelle de la négociation

Pendant la négociation, l'approche relationnelle avec le vendeur peut être améliorée, voire optimisée, par l'utilisation de quelques techniques de communication telles que :
- l'identification et l'analyse du non-verbal ;
- la synchronisation sur l'interlocuteur ;
- la pratique de la reformulation.

▪ Identifier et analyser le non-verbal

La communication passe par les mots, mais aussi par les postures, les gestes, le regard, la voix. Ainsi le sens des mots compte pour 7 % alors que l'intonation de la voix et la gestuelle comptent respectivement pour 38 et pour 55 %.

93 % de la communication passant par le non-verbal, l'acheteur doit, pendant la négociation, observer les attitudes, les comportements de son interlocuteur, et plus particulièrement la posture, les gestes, les regards et la voix.

LA POSTURE

La posture, c'est la manière de se tenir à un instant donné. Elle est caractérisée par les positions de la tête, du buste et des jambes qui expriment des sentiments.

Position de la tête	• La tête baissée peut traduire un sentiment de soumission, d'acceptation passive de communication, voire de défaite • La tête relevée en arrière témoigne d'un sentiment de supériorité acquis ou voulu qui fait regarder les autres de haut • La tête inclinée sur le côté : l'interlocuteur cherche à éveiller l'attention de l'autre, à lever d'éventuelles réticences, à obtenir quelque chose de lui.
Position du buste	• L'inclinaison du buste en avant s'interprète comme une grande implication personnelle, motivée par l'intérêt ou l'agressivité • L'inclinaison du buste en arrière, c'est le désengagement, le désintérêt. L'interlocuteur prend ses distances avec ce qui se passe • Le tassement du buste, c'est le repli sur soi, le découragement • Le déplacement du buste traduit l'affirmation d'un triomphe ou la tentative de domination de l'autre
Position des jambes (en position assise)	• Les jambes réunies ou écartées : plus un interlocuteur serre les jambes, plus il manifeste le besoin de se rassurer, de se protéger et inversement, plus il les écarte, plus il s'abandonne • Le croisement des jambes traduit une notion de fermeture, de protection • L'entortillement des jambes dénote, chez la personne qui adopte cette position, un besoin de protection contre sa faiblesse ou contre une défaillance possible

LES GESTES

La présence de gestes d'appui du langage renforce l'intensité du discours et révèle que l'interlocuteur croit vraisemblablement à ce qu'il dit.

Les gestes peuvent aussi être fermés ou ouverts : *ainsi, les mains ouvertes traduisent une volonté de communiquer, tandis qu'avec les bras croisés, les jambes serrées, l'interlocuteur peut exprimer un repli sur soi ou un besoin d'autoprotection.*

Les gestes peuvent être inopportuns, décalés par rapport au discours. Dans ce cas, il faut les étudier très attentivement car ce sont eux, et non les mots, qui sont porteurs des intentions profondes de l'interlocuteur. *Ainsi, quand un interlocuteur se sent mis en cause, ébranlé dans ses convictions, il peut adopter un comportement de défense par un geste barrière tel que : croiser les bras, modifier sa position sur le siège (buste qui recule), etc.*

Il est important de repérer ces gestes qui traduisent vraisemblablement une appréhension aux propos qui viennent d'être émis, un blocage à l'écoute, etc.

LE REGARD ET LA VOIX

Le regard (fixe, fuyant, baissé, intéressé) et la voix (volume, tonalité, rythme, etc.) apportent des informations sur l'état émotif de l'interlocuteur. Ainsi :
- un regard fuyant peut traduire une gêne ou un embarras ;
- un regard brillant et une voix montant vers l'aigu traduisent vraisemblablement de la gaieté ou de la colère ;
- un regard terne, un rythme de voix lent, monotone et un ton grave traduiront de la fatigue, de la lassitude.

▪ Se synchroniser sur l'interlocuteur

Lorsque deux personnes sont d'accord, elles adoptent inconsciemment des postures très proches. Si les postures des deux interlocuteurs sont diamétralement opposées (par exemple, l'un des interlocuteurs est avancé sur le bureau tandis que l'autre en est éloigné), il y a de fortes chances pour que l'un comme l'autre interprète que ce qu'il dit n'intéresse pas son interlocuteur.

L'acheteur entre d'autant mieux en phase avec son interlocuteur qu'il adopte une attitude symétrique à la sienne tant sur les plans gestuel, oral que verbal.

LA SYNCHRONISATION GESTUELLE

En position assise, l'acheteur peut essentiellement se synchroniser sur :
- les appuis du corps sur le siège ;
- l'inclinaison du buste, des épaules ;
- les appuis des coudes, des mains ;
- les gestes des mains, des avant-bras ou des bras.

La synchronisation orale

La synchronisation orale vise à adopter le volume, la vitesse d'élocution, le rythme, l'appui sur certains mots repérés comme étant des mots-clés de l'interlocuteur.

La synchronisation verbale

La synchronisation verbale consiste à utiliser les mots, les expressions, le style de langage de l'interlocuteur, autrement dit à adapter ses propos à la personnalité de l'interlocuteur. Pour reconnaître les mots-clés de l'interlocuteur, il convient d'écouter attentivement le ton de sa voix, ses mots-clés.

▪ Pratiquer la reformulation

La reformulation consiste à répéter de façon plus ou moins concise et explicite ce que l'interlocuteur vient de dire. Elle permet de se synchroniser sur l'autre. Parmi les principaux modes de reformulation que l'acheteur peut utiliser lors de la négociation, citons les suivants.

La reformulation « Écho »

Elle consiste à reprendre les derniers mots de l'interlocuteur.
À utiliser par l'acheteur pour :
- inciter l'interlocuteur à développer un peu plus ce qu'il vient de dire ;
- obtenir plus de précisions de sa part ;
- vérifier et/ou montrer que l'on a bien compris.

La reformulation « Synthèse »

Elle consiste à reprendre de manière synthétique les propos de l'interlocuteur
À utiliser par l'acheteur pour :
- provoquer un nouveau point de départ de l'entretien ;
- clarifier des points de discussion.

La reformulation « Recentrage »

Elle consiste à pratiquer une synthèse sélective des propos de l'interlocuteur.
À utiliser par l'acheteur pour :
- recentrer la discussion ;
- éluder les digressions.

La reformulation « Déductive et inductive »

Elle consiste à déduire une suite logique de propos qui n'ont pas été exprimés.
À utiliser par l'acheteur pour :
- vérifier le bien-fondé d'une hypothèse ;
- aider à clarifier les propos de l'interlocuteur.

La reformulation « Transformation »

Elle consiste à trahir les propos de l'interlocuteur ou à les reprendre de manière déformée ou ambiguë.
À utiliser par l'acheteur pour :
- mettre l'interlocuteur en difficulté ;
- l'amener à accepter ses arguments.

La reformulation « Approbation »

Elle consiste à utiliser des formules d'acquiescement (oui, d'accord, etc.) ou des manifestations non verbales (hochement de tête, etc.).
À utiliser par l'acheteur pour :
- montrer à son interlocuteur l'attention qu'il porte à ses propos ;
- lui signifier que l'on accepte son cadre de référence.

RENFORCER SA CAPACITÉ À CONTRACTER

Chapitre 4

1 • Contexte juridique de la contractualisation

Par le contrat, l'acheteur formalise les engagements convenus entre les deux parties lors de la négociation.

Le contrat d'achat est dit synallagmatique, c'est-à-dire qu'il engage réciproquement chacun des signataires à exécuter une action.

- Le vendeur à délivrer et facturer la « chose » (l'objet de l'achat, du point de vue juridique), c'est-à-dire qu'il s'oblige à mettre à disposition la « chose » au jour convenu.
- L'acheteur à prendre possession et à payer la « chose », autrement dit, il s'oblige à régler la « chose » le jour convenu au prix convenu.

La contractualisation de l'acte d'achat peut se manifester sous deux formes.

- Soit par un « bon de commande » confirmé par un « accusé de réception de commande ». Dans ce cas de figure, l'acheteur « impose » son accusé de réception de commande, avec ses conditions générales d'achat au verso ; le contrat se forme à la réception de cet accusé de réception de commande dûment approuvé par le fournisseur.
- Soit par un contrat sous seing privé. Les preuves de l'accord sont alors constituées de deux originaux signés par les deux parties.

Au-delà du document entérinant l'accord entre les deux parties, l'existence du contrat sert de protection pour l'acheteur. À l'ensemble des risques qu'il a identifiés, l'acheteur doit donc faire correspondre une ou plusieurs clauses de couverture : *ainsi, pour couvrir un éventuel risque de retard de livraison, il peut tout aussi bien prévoir une clause de pénalités de retard ou la mise en place d'un stock de sécurité chez le fournisseur, que la résiliation du contrat pour inexécution de l'obligation.*

Rappelons aussi que sur le plan juridique, il existe deux natures de contrat.

- Le **contrat de vente** par lequel une ou plusieurs personnes (morales ou physiques) s'obligent envers une ou plusieurs autres, à livrer quelque chose.

! **Le contrat de vente s'applique notamment lors des achats de fournitures courantes, de matières premières, d'équipements, de services ou de prestations cataloguées.**

– **Le contrat d'entreprise** par lequel une ou plusieurs personnes (morales ou physiques) s'obligent envers une ou plusieurs autres à faire quelque chose.

> **Le contrat d'entreprise s'applique à la plupart des achats de sous-traitance, de prestations de services.**

2 • Les formes de commandes

Trois formes de commandes (ou contrats) peuvent être mises en place par l'acheteur.

- Le bon de commande.
- Le marché.
- La commande ouverte.

■ Le bon de commande

Le bon de commande est un engagement ferme et définitif, portant sur une chose, une quantité, un prix et un délai de livraison ou d'exécution.

■ Le marché

Parfois appelé « commande cadencée » ou « commande programme », le marché est un engagement ferme et définitif qui, pendant une période déterminée, porte sur :

– une « chose » (l'objet de l'achat) ;
– une quantité globale ;
– un prix négocié pour la quantité ;
– des délais de livraison déterminés à l'avance.

À l'issue de la période convenue, l'acheteur est tenu de réceptionner et de payer l'intégralité des produits commandés, sauf dispositions ultérieurement négociées.

■ La commande ouverte

La commande ouverte est aussi appelée « accord-cadre » ou « contrat-cadre ». La commande ouverte est un engagement ferme et définitif qui, pendant une durée déterminée convenue par les parties, porte sur :

- une « chose », à savoir : un produit donné (bien ou service), les références d'un catalogue du fournisseur, une liste restreinte définie par l'acheteur, un bordereau de prix, etc. ;
- un prix négocié pour une quantité approximative (ou une estimation de montant d'achats) susceptible d'être achetée durant la période de référence ;
- des livraisons effectuées selon les besoins sous forme d'appels de livraison ou de demande d'exécution (s'il s'agit de prestations).

La commande ouverte s'applique aussi bien à des achats de fournitures, qu'à de nombreux achats de sous-traitance (travaux par exemple) ou de prestations de services.

La mise en œuvre d'une commande ouverte offre par ailleurs une réelle opportunité de minimisation du coût de possession, en simplifiant notamment le processus de passation des commandes, voire en l'automatisant.

Le contrat précise alors les obligations réciproques des parties et détaille les modalités et conditions par lesquelles les utilisateurs pourront s'approvisionner auprès du fournisseur (ou du prestataire), en faisant éventuellement référence à la procédure élaborée pour la circonstance par les deux parties.

Le recours à l'Internet doit être privilégié via notamment l'utilisation soit de catalogues électroniques pour les entreprises dotées d'un Intranet, soit des portails marchands des fournisseurs. Dans ce cas, avec leurs mots de passe, leurs niveaux d'autorisation de dépenses, voire d'accès à certaines parties de catalogues, les différents utilisateurs peuvent effectuer leurs approvisionnements dans les meilleures conditions économiques et techniques pour l'acheteur… et le vendeur.

3 • Les éléments constitutifs d'un contrat

Lors de l'élaboration de sa stratégie pour l'achat à réaliser (cf. « fiche d'action achat »), l'acheteur a défini le mode contractuel qu'il souhaitait mettre en œuvre : bon de commande ou contrat sous seing privé.

Sans que cela revête un caractère définitif et impératif, l'acheteur utilise le « bon de commande » pour les achats de fournitures, matières premières, outillages, matériels, voire certains services catalogués ou tout autre « achat » dont la seule référence à un cahier des charges peut suffire (certains cas de sous-traitance par exemple).

Pour certains achats de sous-traitance, pour les achats de prestations de services ou intellectuelles, pour les commandes ouvertes, etc., il privilégie le « contrat sous seing privé ».

Lors de la préparation de sa négociation, l'acheteur identifie toutes les clauses contractuelles et juridiques que le contrat devra préciser, si celles-ci sont négociables.

Le lecteur trouvera ci-après les rubriques communes à la plupart des contrats (quel que soit le type d'achat réalisé) tandis que les spécificités inhérentes aux différents types d'achats tels que fournitures, sous-traitance, prestations de service et intellectuelles, seront abordées dans les chapitres suivants.

Rubriques du contrat	Explications et commentaires
Contractants	Le contrat désigne les parties contractantes avec : – leurs raisons sociales et leurs adresses ; – le nom de la personne qui représente l'entreprise, sa fonction, ses coordonnées professionnelles. Cette personne doit avoir été mandatée pour engager son entreprise. L'acheteur ne doit pas hésiter, si besoin est, à vérifier la qualité du signataire.
Préambule ou exposé préliminaire	Cette clause énonce sommairement les raisons qui ont amené les deux parties à contracter. Cela peut être utile ultérieurement pour l'interprétation du contrat par un magistrat. ***Exemple de préambule pour un accord-cadre :*** *« La société X (nom du fournisseur) est un professionnel qui exerce son activité dans le domaine (exposé du métier ou du savoir-faire du fournisseur). Différents établissements ou services de la société Y (nom de l'entreprise acheteuse) ayant ou pouvant avoir des besoins en matière de (savoir-faire du fournisseur) auxquels X peut répondre, celui-ci se propose de mettre son expertise à disposition desdits établissements ou services de Y.* *Y et X ont donc choisi d'établir un cadre contractuel propre à permettre et à faciliter la mise en place de demandes d'exécution pour des prestations de (savoir-faire du fournisseur) ».*
Objet du contrat	Cette clause décrit la raison d'être du contrat. Si l'objet du contrat n'est pas clairement défini dans le contrat, celui-ci pourra être entaché de nullité.

Rubriques du contrat	Explications et commentaires
Documents contractuels	Il s'agit d'énoncer les documents (dans l'ordre de primauté de ces derniers) qui vont régir la relation contractuelle, comme par exemple : – l'accord-cadre ; – le cahier des charges ; – l'offre technique du fournisseur ; – les courriers ou mails du fournisseur. En cas de litiges, c'est le document de dernier rang qui est d'abord utilisé comme référentiel. S'il n'apporte pas la réponse au désaccord, les deux parties se réfèrent au document du rang immédiatement supérieur, et ainsi de suite.
Durée du contrat	La durée du contrat doit toujours être précisée, de même que la date d'entrée en vigueur et la date d'expiration du contrat. Dans tous les cas, l'acheteur refuse la prorogation tacite des contrats et assortit, autant que possible, leur reconduction à l'atteinte des résultats précisés dans le contrat.
Prix	La formulation du prix diffère suivant le type d'achat. Nous renvoyons le lecteur aux chapitres ci-après consacrés aux spécificités des différents types d'achat (cf. « La rédaction du contrat »).
Quantités	Ce sont celles qui ont été négociées.
Dates de livraison (ou d'exécution)	Le délai indiqué est de préférence exprimé par une date dite de rigueur.
Pénalités de retard	Le contrat précise la formule de calcul de pénalités qui sera appliquée en cas de retard dans les livraisons ou dans les prestations.
Transfert de propriété et des risques	L'article 1583 du Code civil stipule : « La vente est parfaite entre les parties, et la propriété est acquise de droit à l'acheteur à l'égard du vendeur, dès qu'on est convenu de la chose et du prix, quoique la chose n'ait pas encore été livrée ». Cette disposition étant quasiment ingérable dans les faits, l'acheteur précise dans le contrat le moment prévu pour le transfert de propriété et des risques (exemple : la réception reconnue conforme pour des marchandses).
Garanties	Quel que soit l'objet de l'achat, il est indispensable de préciser la nature et le contenu des garanties qui seront appliquées. Exemples de garanties : – garantie de fonctionnement ; – garantie de bonne fin d'exécution ; – garantie décennale ; – garantie contre l'éviction ; – etc. La nature des garanties dépendant du type d'achat, nous renvoyons le lecteur aux chapitres ci-après consacrés aux spécificités des différents types d'achat (cf. « La rédaction du contrat »).
Conditions et modes de règlement	L'acheteur précise les modalités de paiement ainsi que leur point de départ (généralement à réception des produits ou de la prestation).

Rubriques du contrat	Explications et commentaires
Modalités administratives	L'acheteur précise l'adresse de facturation, le nombre d'exemplaires de factures ainsi que toute autre exigence de nature administrative.
Attribution de juridiction	Cette clause précise le lieu du tribunal territorialement compétent pour traiter les éventuels procès liés à l'exécution du contrat. Dans le cas où cette clause n'est pas mentionnée, le tribunal compétent sera le tribunal du domicile du siège social de l'entreprise attaquée.
Annexes	L'acheteur liste l'ensemble des documents (identifiés et indicés) dont certains peuvent revêtir un caractère contractuel dès lors qu'ils auront été signés et datés par le fournisseur. ***Exemples :*** – *Cahier des charges, plans, etc.* – *Inventaire des outillages, documents, etc., remis au fournisseur.* – *Liste des documents demandés au fournisseur (attestation d'assurance, liste de personnel, etc.).* – *Etc.*

Le contrat peut être complété, suivant les cas, par des clauses à caractère juridique telles que :

Clause de sauvegarde	L'existence de cette clause permet aux parties de renégocier le contrat dans le cas où certains événements dûment précisés dans le contrat interviendraient avant la fin de son exécution.
Clause pénale	Cette clause a pour objet de dissuader le fournisseur de ne pas exécuter ou de mal exécuter ses obligations. Cette clause peut prévoir un montant ou un pourcentage de la valeur du contrat à verser en compensation du préjudice subi sans recourir à un tribunal.
Clause de force majeure	Cette clause peut être envisagée dans les contrats dont l'exécution présente certains risques pour une exécution normale (grèves, conditions météorologiques, etc.).
Résiliation du contrat	Cette clause définit les cas de résiliation anticipée du contrat ; le cas le plus fréquent étant celui de l'inobservation des obligations par l'une des parties ou de l'inexécution de l'objet du contrat par le fournisseur ou le prestataire. Les conditions et modalités de résiliation sont définies dans le contrat comme par exemple l'obligation d'une mise en demeure notifiant, par lettre recommandée avec accusé de réception, l'inobservation et/ou l'inexécution. Dans le cas où l'acheteur accepte une possibilité de résiliation par le vendeur, il négocie une durée du préavis suffisante pour lui permettre de se retourner.
Clause de confidentialité	Cette clause oblige le fournisseur à conserver confidentielles toutes les informations relatives à l'exécution du contrat et cela sous peine d'annulation des commandes et du contrat, de versement de dommages et intérêts et de poursuites judiciaires. Une durée d'application de la clause de confidentialité après l'expiration du contrat peut être précisée.

Chapitre 5

LES SPÉCIFICITÉS DE L'ACHAT DE FOURNITURES

1 • La notion de fournitures

Par notion de fournitures, on peut entendre tous les produits ou services catalogués, immédiatement prêts à l'usage, qu'il s'agisse d'équipements, de matières premières ou de consommables ou de produits de négoce.

2. Le processus d'achat de fournitures

Le processus d'achat de fournitures n'appelle pas de commentaires particuliers. Si besoin est, nous renvoyons le lecteur à notre *Guide de l'acheteur* afin qu'il prenne connaissance des principes, moyens et outils appropriés.

3. La rédaction du contrat d'achat de fournitures

Outre les rubriques générales énoncées dans le chapitre précédent – dont certaines sont d'ailleurs reprises ci-après afin d'apporter des compléments d'information – le lecteur trouvera ci-dessous une liste (non exhaustive) de clauses contractuelles ou juridiques fréquemment utilisées ou retenues dans les contrats d'achat de fournitures.

Elles sont présentées dans l'ordre chronologique de leur éventuelle utilisation.

Rubriques du contrat	Explications et commentaires
Objet du contrat	Cette clause décrit la raison d'être du contrat. ***Exemple :*** *le présent contrat a pour objet de définir les conditions dans lesquelles le fournisseur livrera les fournitures définies en « Annexe ».*
Désignation de la chose	Le contrat précise la désignation de la fourniture (équipements, matières premières, consommables, etc.), y compris les prestations qui accompagnent cet achat (montage, installation, mise en service, formation des opérateurs, etc.). Ces prestations peuvent d'ailleurs faire l'objet d'un contrat séparé de prestations de services prévoyant une obligation de résultat. S'il s'agit d'un contrat-cadre, la désignation peut renvoyer à un catalogue (avec sa référence précise) ou à une liste type de produits élaborée par l'acheteur, voire à un bordereau de prix.
Prix	Le contrat indique le prix de base (unitaire, par lot, tranche ou quantité), avec selon les cas : • sa nature (ferme, révisable, ajustable) – Prix ferme : le prix ne varie pas. – Prix révisable : une formule de révision est appliquée au prix initial. • les niveaux de remise applicables sur un tarif de base • la devise de référence, le cas échéant • sa date limite de validité. Dans le cas d'un contrat-cadre, le contrat précise que les quantités (ou le chiffre d'affaires) indiquées par l'acheteur correspondent à une estimation de besoin pour la période de référence.
Formule de révision de prix	La formule est contractuelle, donc négociable. ***Exemple :*** *P = Po (0,2 + 0,3 M/Mo + 0,4MO/MOo + 0,1PSD/PSDo)* Outre la formule, le contrat précise la date de révision (par exemple, à la réception, à la date anniversaire du contrat, etc.), la nature ou la définition des indices, leurs sources et dates de lecture (dédouanement, réception, date anniversaire du contrat, etc.).
Prix des accessoires, options, pièces de rechange, consommables, etc.	Lors de l'achat de matériel ou d'équipement, l'acheteur prend soin de négocier les prix des consommables, pièces de rechange, accessoires, etc., en même temps que le prix de l'équipement ; les prix convenus pouvant être assortis d'une formule de révision de prix. Pour ce qui concerne les matériels ou équipements dont les produits de remplacement sont plus performants et moins coûteux à l'achat que le produit à remplacer (matériels informatiques par exemple), l'acheteur peut convenir que les prix de vente cumulés de certaines pièces nommément citées (ou sous-ensembles) ne pourront excéder un certain pourcentage du prix de vente du produit commercialisé au moment de l'approvisionnement de la pièce de rechange.
Remise ou bonification de fin d'année	Si cela a été négocié, le contrat précise les modalités de calcul et de versement de la bonification de fin d'année (cas d'un contrat-cadre).

Rubriques du contrat	Explications et commentaires
Quantités à fournir	Suivant le besoin, le contrat précise : – les quantités qui ont été négociées, éventuellement déclinées par cadence s'il s'agit de besoins planifiés. Dans ce cas, il convient de préciser la tolérance de modification des quantités cadencées ainsi que les modalités d'application du dispositif. Par exemple : « au plus tard sept jours ouvrables avant la date de livraison indiquée dans le contrat, l'acheteur peut modifier la quantité à livrer dans une limite de +/- 5 % par rapport à la quantité initialement prévue » ; – les quantités en réserve chez le fournisseur et éventuellement les modalités de l'audit de ce stock ; – les quantités en consignation chez l'acheteur. Dans ce cas, les modalités de conservation (assurances notamment), de réassort et de facturation sont mentionnées dans le contrat.
Date et lieu de livraison	Le contrat précise la (les) date(s) et lieu (x) de livraison prévus.
Conditionnement, Emballage, transport et assurance	Le contrat précise les conditions convenues pour : – le conditionnement et l'emballage, (possibilité de faire référence à un cahier des charges spécifique) ; – le transport (y compris les assurances afférentes). En cas d'importation, le contrat précise l'INCOTERM retenu.
Conditions de mise à disposition et de réception	Le contrat stipule (et rappelle) si besoin est : – les moyens de déchargement à disposition ou à prévoir ; – les particularités du site, des locaux, des installations ; – les horaires de réception ; – les coordonnées des interlocuteurs responsables de la réception des fournitures ; – etc.
Assurance qualité	Si cela est prévu, l'acheteur mentionne que les livraisons seront accompagnées de garanties telles que : certificat d'origine, certificats de conformité ou d'analyse.
Non-conformités	S'il en a été convenu avec le fournisseur, le contrat précise les obligations de celui-ci en cas de non-acceptation des produits ainsi que les modalités applicables (tri des pièces défectueuses, gestion des reprises, délai de réactivité, etc.).
Pénalités de retard	L'acheteur précise, le cas échéant, la formule de calcul de pénalités qui sera appliquée en cas de retard des livraisons. Les pénalités correspondent à un pourcentage du montant de l'achat restant à livrer par unité de temps de retard : heure, jour, semaine, etc. Il est généralement admis que le montant total de la pénalité n'excède pas 15 %. Les modalités de règlement des pénalités doivent être décrites dans le contrat.
Transfert de propriété et des risques	Le contrat précise la date du transfert de propriété : – soit la date de remise au lieu de livraison ; – soit la date de réception reconnue conforme des biens livrés.

Rubriques du contrat	Explications et commentaires
Garanties contractuelles	Le fournisseur a l'obligation de délivrer la chose et de la garantir. Le contenu et les conditions d'application des garanties doivent être décrits dans le contrat. Cette clause mentionne entre autres : – la durée et la date de début de la garantie ; celle-ci peut être la date de réception du matériel ou sa date de mise en service ; – le lieu de réparation (sur site ou chez le fournisseur) ; – le délai de réparation et les éventuelles pénalités de retard ; – la partie prenant en charge les frais de transport aller et retour ; – la mise à disposition d'un produit équivalent ; – le report en fin de garantie des périodes d'indisponibilité du bien ; – etc.
Service après-vente	Le contrat précise les modalités convenues pour le dépannage et la réparation des matériels hors garantie (prix, délai, frais de transport le cas échéant, matériel de remplacement, etc.).
Contrefaçon	Afin d'éviter d'éventuelles poursuites en qualité de receleur en contrefaçon, l'acheteur précise dans le contrat que le vendeur mentionnera l'origine des produits (type, marque, normes, nom et lieu du fabricant, etc.) sur ses bons de livraison et factures.
Recyclage des produits	Le cas échéant, le contrat précise les modalités convenues avec le fournisseur pour l'enlèvement, le recyclage des produits ou le traitement des déchets en fin de vie du produit (prix, procédures, etc.).
Plan de sécurisation	S'il y a lieu, le contrat énonce les mesures mises en œuvre par le fournisseur pour assurer la sécurité des approvisionnements en cas de défaillance de ce dernier ou renvoie au document élaboré par le fournisseur (à joindre en annexe).

4 • Le suivi et la réception de l'achat de fournitures

L'achat de fournitures ne requiert pas de suivi particulier. Toutefois, en cas de risques liés à l'approvisionnement, l'acheteur peut recourir à des relances préventives dont l'usage doit être limité (cf. chapitre « Anticiper et traiter les risques fournisseurs »).

5 • La maîtrise de la qualité

C'est essentiellement à leur réception que les non-conformités sur les achats de fournitures apparaissent.

L'acheteur doit prendre les dispositions afin être informé dans les meilleurs délais de leur nature (en général non-respect de la qualité, de la quantité et du délai) afin :

- d'appliquer les pénalités prévues dans le contrat ;
- de suivre la qualité des fournisseurs ;
- et d'identifier précocement toute dérive.

Nous renvoyons notre lecteur à la quatrième partie de cet ouvrage « Suivre et gérer ses performances », qui aborde plus globalement les moyens de la maîtrise de la qualité.

Chapitre 6

LES SPÉCIFICITÉS DE L'ACHAT DE SOUS-TRAITANCE

1 • Définition de la sous-traitance

La sous-traitance peut être définie comme l'opération par laquelle une entreprise confie à une autre le soin d'exécuter pour elle et selon un cahier des charges, une partie des actes de production et de services dont elle conserve la responsabilité économique finale, l'acheteur étant propriétaire de la définition et des spécifications de fabrication.

La sous-traitance couvre des domaines variées tels que :
- la fabrication de pièces industrielles ;
- des travaux de rénovation ;
- des constructions neuves ;
- etc.

Si, sur le plan juridique, le contrat de sous-traitance est un contrat d'entreprise, il est encadré (dans certains cas) par la loi 75-1334 du 31 décembre 1975 qui définit la sous-traitance comme l'opération par laquelle un entrepreneur confie par un sous-traité, et sous sa responsabilité (l'entrepreneur devant exécuter ce qui est défini par un cahier des charges), à une autre personne appelée sous-traitant, tout ou partie de l'exécution du contrat d'entreprise ou de marché public conclu avec le maître d'ouvrage.

Dans les cas de figure où sont présents un maître d'ouvrage (l'acheteur), un entrepreneur principal (le fournisseur de l'acheteur et le seul connu de ce dernier) et un sous-traitant (en fait le sous-traitant de celui qui est appelé entrepreneur principal), la loi oblige celui appelé entrepreneur principal à faire accepter chaque sous-traitant et agréer les conditions de paiement par le maître d'ouvrage.

L'acheteur peut donc demander à son fournisseur à ce que les contrats de sous-traitance lui soient communiqués, et peut, par conséquent, récuser une entreprise proposée par l'entrepreneur principal.

2 • Le processus d'achat de sous-traitance

Comme pour l'achat de fournitures, le processus d'achat de sous-traitance n'appelle pas de commentaire particulier, si ce n'est que l'acheteur doit prendre en compte les risques possibles d'infraction à la législation du travail comme le prêt illicite de main-d'œuvre, le délit de marchandage, le délit de travail dissimulé (notamment dans les cas de travaux).

Nous renvoyons notre lecteur au chapitre suivant consacré aux « Spécificités des achats de prestations de services » (cf. § 4) et qui détaille la nature et la gestion de ces risques).

3 • La rédaction du contrat de sous-traitance

Au-delà de ce qui a été exposé dans le chapitre précédent, nous proposons ci-dessous une liste complémentaire et non exhaustive de clauses contractuelles ou juridiques pouvant concerner l'achat de sous-traitance.

Rubriques du contrat	Explications et commentaires
Objet du contrat	Cette clause décrit la raison d'être du contrat. **Exemple 1 :** *le présent contrat a pour objet de définir les conditions dans lesquelles le fournisseur réalisera et livrera les fournitures définies ci-après (ou en annexe « x »).* **Exemple 2 :** *le présent contrat a pour objet de formaliser les conditions d'achat de la pièce « x » dont les spécifications sont précisées dans le cahier des charges en annexe (daté et indicé).* Le cahier des charges doit être visé par les deux parties et sert de référentiel pour la détermination de l'objet du contrat.
Prix	L'acheteur précise les prix convenus entre les deux parties, à savoir : – soit un prix par pièce (cas de sous-traitance industrielle) ; – soit un prix par prestation élémentaire comme par exemple un bordereau de prix qui énumère les prix des différentes opérations convenues ; – soit un forfait. Avec le contrat d'entreprise, il est aussi admis que les deux parties peuvent : – ne pas convenir de prix ; le prix est déterminé par les deux parties à l'achèvement de la prestation, la complexité et la nature de celle-ci ne permettant pas aux deux parties de s'entendre sur un prix donné, y compris sur un forfait ;

Rubriques du contrat	Explications et commentaires
	– se mettre d'accord sur un prix de vente de l'unité d'œuvre : Les deux parties conviennent alors des unités d'œuvre facturables au fur et à mesure de l'avancée des travaux en procédant à des réceptions intermédiaires.
Formule de révision de prix	Comme pour l'achat de fournitures.
Outillages	Le contrat précise le prix (en participation ou inclus) et le mode de paiement convenus. Il mentionne les modalités de mise en dépôt chez le sous-traitant (bon de mise à disposition, plaque de propriété, etc.) ainsi que les dispositions prévues pour son usage (confidentialité, exclusivité), sa conservation (assurance), son entretien et sa restitution à l'expiration du contrat.
Délais et dates de réalisation ou d'exécution	Comme pour l'achat de fournitures.
Conditionnement, emballage, transport et assurance	Comme pour l'achat de fournitures.
Sécurité des approvisionnements	S'il a été convenu la mise en place d'un stock de sécurité par le sous-traitant, le contrat précise son niveau ainsi que les conditions et modalités d'audit de ce stock par l'acheteur.
Modalités de réception	Suivant le type de sous-traitance, le contrat précise les modalités de réception. • **Cas de sous-traitance industrielle :** les pièces sont réceptionnées suivant les mêmes dispositions que celles exposées pour les fournitures. Lorsque l'acheteur prévoit une recette chez le sous-traitant, le contrat décrit les modalités de réception convenues : protocole prévu pour la recette, moyens de contrôle, obligations techniques réciproques, documents d'enregistrement des contrôles, type de procès-verbal de réception, etc. • **Cas de sous-traitance type BTP :** selon le cas de figure prévu, le contrat précise si les prestations sont réceptionnées par lots, en globalité, de façon provisoire et/ou finale. Un exemplaire du procès-verbal de réception à utiliser peut être annexé au contrat.
Pénalités de retard	Comme pour l'achat de fournitures.
Modalités applicables en cas de non-conformité	Le contrat précise, si besoin est, les modalités et les obligations applicables en cas de non-conformités des produits (tri des pièces défectueuses, refacturation des frais afférents, délai de remplacement, etc.). Le cas échéant, le contrat stipule que l'acheteur peut exiger du sous-traitant qu'il lui rende compte de l'analyse des causes de la non-conformité ou qu'il mette en place des actions correctives ou préventives.
Garanties • **de défaut de conformité** • **de bonne fin d'achèvement**	Suivant la nature de la prestation, deux types de garantie sont à distinguer. • **Cas de sous-traitance industrielle :** la seule garantie est celle du défaut de conformité. Il n'y a donc pas de garantie de vice caché. • **Cas de sous-traitance type BTP :** la garantie applicable est celle de la garantie de parfait achèvement (article 1792- 6 du code civil) qui prévoit que

Rubriques du contrat	Explications et commentaires
	pendant un délai d'un an à compter de la date de réception, le sous-traitant est tenu de réparer les désordres signalés par le donneur d'ordre et de lever les réserves.
Garanties particulières	Certains ouvrages ou catégories de travaux sont couverts par des garanties pouvant s'étendre au-delà du délai d'un an. Ainsi, dès qu'apparaît un désordre non décelable à la réception, qui compromet la solidité de l'ouvrage ou le rend impropre à sa destination, s'appliquent : – la responsabilité décennale (article 1792 du code civil), pour l'ouvrage lui-même ; – la garantie de bon fonctionnement ou garantie biennale (article 1792-3), pour les éléments d'équipements dissociables de l'ouvrage.
Retenue de garantie	Conformément aux dispositions légales (article 1799-1 du code civil), l'acheteur peut, lors du règlement, retenir une somme (convenue lors de la signature du contrat) égale, au plus, à 5 % du montant de la commande. Le montant de cette retenue (dite de garantie) est consigné auprès d'un établissement financier accepté par les deux parties.
Obligation de moyen ou de résultat	Généralement, l'obligation du sous-traitant est celle de la conformité au cahier des charges, charge à lui de mettre en œuvre tous les moyens (notamment les règles de l'art) permettant l'obtention de cette conformité. Le sous-traitant agit donc dans la plupart des cas dans le cadre d'une obligation de moyens. Rappelons que celle-ci ne met en jeu sa responsabilité que si l'acheteur prouve qu'il a commis une faute en n'utilisant pas tous les moyens promis. Cela étant, et autant que faire se peut, l'acheteur soumet son sous-traitant à une obligation de résultat.
Transfert de propriété et des risques	Le contrat stipule le moment du transfert de la propriété et des risques : – à réception de la chose, reconnue conforme par l'acheteur pour des pièces fabriquées ; – lors de la recette (provisoire et finale) ou de la réception pour des prestations type BTP ou travaux. Dans ce dernier cas, des réserves peuvent être émises, le sous-traitant disposant d'un délai légal d'un an pour y remédier (cf. § « Garantie de bonne fin d'achèvement »). Un procès-verbal de réception signé par les deux parties atteste le transfert de propriété.
Sous-traitance	Le contrat rappelle ce qui a été convenu lors de la négociation, voire précisé dans le dossier d'appel d'offres. Il peut tout aussi bien : – stipuler que l'accord préalable de l'acheteur est nécessaire en cas de besoin de recours à la sous-traitance en cours d'exécution du contrat ; – interdire le recours à la sous-traitance. Le contrat peut aussi fixer le seuil maximum de sous-traitance réalisable par le fournisseur (par exemple x % maximum du montant HT de la commande).
Assurances (notamment pour des prestations effectuées dans les locaux de l'acheteur)	Lorsque les opérations de sous-traitance ont lieu dans les locaux de l'acheteur, le contrat stipule que le sous-traitant doit remettre à l'acheteur, et cela avant démarrage de la prestation : – une copie de sa police d'assurance civile professionnelle précisant le montant de la couverture en cas de sinistre ; – une attestation de son assureur prouvant qu'il est assuré (production d'une facture acquittée par exemple). Il appartiendra à l'acheteur de s'assurer que cette obligation a été satisfaite.

Rubriques du contrat	Explications et commentaires
Confidentialité des informations	Si nécessaire, le contrat précise : – la liste des données, informations, etc., considérées comme confidentielles ; – les conditions de leur diffusion chez le sous-traitant, en précisant que les informations confidentielles ne peuvent être diffusées qu'auprès des personnes concernées par l'exécution du contrat. Le contrat peut aussi stipuler que le sous-traitant s'engage à ne pas les divulguer à un tiers, ni à les copier, ni à les utiliser pour tout autre usage que l'exécution du contrat en cours.
Exclusivité	Si besoin est, le contrat précise que le sous-traitant s'engage à ne pas fournir les biens faisant l'objet du contrat à aucune société, personne ou organisme autre que l'acheteur.
Assurance qualité	Des obligations réciproques au titre de l'assurance qualité ont pu être convenues par les deux parties. L'acheteur s'engageant par exemple : – à établir des prévisions les plus proches des besoins ; – à informer le sous-traitant, le plus précocement possible, de toute modification technique ; – à le prévenir de tout événement pouvant engendrer une interruption de ses processus de fabrication ou de production ; – etc. Le sous-traitant s'engageant par exemple : – à mettre en place les moyens de suivi de la qualité ; – à tenir les indicateurs qualité convenus entre les parties et à les transmettre à l'acheteur aux échéances convenues ; – à informer l'acheteur dès survenance de tout événement susceptible d'impacter les livraisons ou la qualité ; – etc. Les obligations du fournisseur peuvent aussi être définies dans un plan assurance qualité, annexé au contrat.
Engagement de progrès	Si un tel engagement a été prévu, le contrat précise les objectifs annuels convenus (engagement d'amélioration en termes de prix, de délais de livraison, de fiabilité, etc.) et les pénalités en cas de non-respect de l'obligation.
Plan de prévention des entreprises extérieures	Les articles R237-1 et suivants du code du travail fixent les prescriptions particulières en matière d'hygiène, de santé et de sécurité applicables aux travaux effectués dans une entreprise par une entreprise extérieure (décret n° 92-158 du 20 février 1992). Ainsi, lorsqu'il apparaît des risques d'interférence entre les travaux (ou prestations) effectués et l'exploitation de l'entreprise, il doit être établi un plan de prévention qui définit la nature de l'intervention, le lieu et l'entreprise utilisatrice, l'entreprise extérieure, le planning et les horaires des opérations, les dates d'inspections communes, les fonctions, les activités génératrices de risques, les consignes générales de sécurité et les moyens de prévention donnés aux salariés, le règlement intérieur et enfin les coordonnées téléphoniques des responsables.

4 • Le suivi, la réception et la maîtrise de la qualité

Pour ce qui concerne le suivi et la réception des achats de sous-traitance et la maîtrise de leur qualité, nous renvoyons le lecteur :

- soit au chapitre « Spécificités de l'achat de fournitures », s'il s'agit de sous-traitance industrielle ;
- soit au chapitre « Spécificités de l'achat de prestations de services », s'il s'agit de travaux ou de prestations sous-traités.

Chapitre 7

LES SPÉCIFICITÉS DE L'ACHAT DE PRESTATIONS DE SERVICES

1 • La notion de prestations de services

Les prestations de services sont très variées et recouvrent des domaines très différents tels que :
- la restauration collective, le nettoyage, le gardiennage ;
- le travail temporaire ou la gestion des paies ;
- la maintenance industrielle ou bureautique ;
- la gestion des relations clients ;
- la gestion des voyages et des déplacements ;
- etc.

Les spécificités de l'achat de prestations de services se situent pour l'essentiel au niveau :
- de l'expression du besoin et du cahier des charges ;
- de l'appel d'offres ;
- des risques d'infraction à la législation du travail ;
- de la rédaction du contrat ;
- de la diffusion du contrat ;
- du démarrage de la prestation ;
- du suivi de l'exécution des prestations ;
- de leur réception ;
- du suivi de la qualité.

2 • L'expression du besoin

Dans la deuxième partie de cet ouvrage (cf. chapitre « Rechercher en permanence l'optimisation du besoin »), nous avons vu l'intérêt de l'acheteur à susciter l'expression du besoin sous la forme d'un « cahier des charges fonctionnel ».

Nous ne saurions trop insister pour que le lecteur privilégie, autant que faire se peut, le recours à ce levier particulièrement adapté à l'expression des besoins en prestations de services.

S'il n'est pas dans les attributions de l'acheteur de le rédiger, il semble opportun et utile qu'il s'en approprie les grands principes (structure, démarche, etc.) afin de pouvoir apporter critiques et conseils pertinents à ses demandeurs.

À cet effet, nous proposons ci-dessous un cadre rédactionnel complémentaire à celui présenté dans le chapitre « Rechercher en permanence l'optimisation du besoin », plus adapté à la prestation de services. Il peut se décomposer en trois parties.

- Objet de la prestation.
- Définition du périmètre de la prestation.
- Expression du besoin en prestations.

Partie 1 ■ Objet de la prestation

Dans cette partie, le rédacteur décrit le résultat global attendu de la prestation, comme par exemple :

- *accueil, filtrage et dispatching des visiteurs du siège social ;*
- *hébergement et restauration des participants d'un séminaire ;*
- *réception, stockage, distribution et livraison de produits de négoce ;*
- *etc.*

De façon à permettre au prestataire de s'approprier le contexte de la demande, il peut être utile d'exposer les raisons principales qui ont conduit à la formulation du besoin (insatisfaction, externalisation, diagnostic…) et de décrire les éventuels enjeux de la prestation, pour l'une ou l'autre des parties, pour les deux, etc.

Partie 2 ■ Définition du périmètre de la prestation

Cette partie a pour objet d'exposer les données quantitatives qui vont permettre au prestataire de mesurer sa réponse en termes de ressources et de moyens à mettre en œuvre, comme par exemple :

- *des surfaces, leur répartition, leur accessibilité, etc., pour une « prestation de nettoyage » ;*
- *un nombre moyen d'appels clients journalier, les pointes horaires ou hebdomadaires, la typologie des clients pour une « prestation de gestion d'un centre d'appels » ;*

- *l'inventaire d'un parc de matériels, son ancienneté, son implantation pour une « prestation de maintenance industrielle ».*

D'autres éléments susceptibles d'avoir une incidence sur la structure et le contenu de son offre peuvent être communiqués au prestataire tels que :
- la durée envisagée pour la prestation ;
- une (des) réglementation(s) éventuelle(s) à prendre en compte ;
- des contraintes particulières qui, le cas échéant, permettent au prestataire de cibler sa réponse ou d'orienter sa proposition vers telle ou telle méthodologie (logiciel de gestion existant, protocole de traitement imposé, etc.).

Partie 3 ■ Expression du besoin en prestations

Elle correspond à la phase « expression fonctionnelle » du cahier des charges fonctionnel présenté dans le chapitre « Rechercher en permanence l'optimisation du besoin » (cf. deuxième partie de cet ouvrage).

Il s'agit donc de lister les actions ou missions que doit remplir le prestataire sous la forme de fonctions attendues, de caractériser chacune d'entre elles, puis de les assortir d'une flexibilité (cf. exemple ci-dessous).

Caractérisation des fonctions

L'énumération des fonctions n'étant pas non plus suffisante pour définir le service attendu, il convient de les caractériser avec des critères d'appréciation, chacun d'entre eux étant assorti d'un niveau permettant de les quantifier ou de les qualifier (cf. exemple ci-dessous).

Détermination des flexibilités

Chacune des fonctions est ensuite assortie d'un niveau de flexibilité quant au niveau de performance attendu respectant les degrés ci-après :
- (f) 0 : le prestataire doit se conformer à l'exigence ;
- (f) 1 : le prestataire dispose d'une légère marge de manœuvre ;
- (f) 2 : le prestataire dispose d'une grande marge de manœuvre quant aux solutions et moyens proposés.

Hiérarchisation des fonctions

Si cela semble opportun, les fonctions sont ensuite hiérarchisées par ordre décroissant d'importance et ainsi exposées au prestataire.

Exemple d'une expression fonctionnelle pour une prestation logistique (1)

Fonctions	Critères d'appréciation	Niveau	Flexibilité
Réceptionner les livraisons camions en provenance des usines	Temps d'attente des camions	< 4 heures	(f) 1
Assurer le stockage des produits réceptionnés	Écart d'inventaire annuel Taux de démarque inconnue	< 0,3 % < 1,1 %	(f) 0 (f) 1
Préparer et livrer les détaillants	Délai de livraison détaillant (délai entre édition du bon de préparation et prise en charge par le détaillant)	• J1 avant 9 heures pour un bon de préparation édité Jour J avant 15 heures (client zone 1) • J2 avant 9 heures pour bon de préparation édité Jour J avant 15 heures (client zone 2)	(f) 0 (f) 0
	Taux de service (nombre d'articles non conformes/nombre d'articles à livrer)	< 0,1 % sur 1 an (0,3 les deux premiers mois d'exploitation)	(f) 1

3 • L'appel d'offres de prestations de services

Dans son dossier d'appel d'offres, l'acheteur peut, selon ses besoins :

- exiger une **visite préalable** de site par les prestataires, ceux-ci devant apporter la preuve de leur passage lors de la réponse à l'appel d'offres (attestation de visite à joindre à leur réponse) ;

(1) Présentation réductrice, à titre d'exemple.

- indiquer aux prestataires la tenue d'une **réunion d'informations** (date et heure à préciser dans le dossier d'appel d'offres) au cours de laquelle :
  – des informations complémentaires au cahier des charges leur seront communiquées,
  – des réponses à certaines de leurs interrogations pourront leur être éventuellement apportées ; l'intérêt d'un tel dispositif est qu'il n'alourdit pas trop le cahier des charges et que tous les consultés ont le même niveau d'informations ;
- demander la communication par les prestataires de documents tels que : attestations d'assurance, Kbis, attestation sur l'honneur de respect des obligations légales, sociales et fiscales, etc. ;
- mentionner une obligation de reprise de personnel. Cette obligation prend en compte les dispositions de l'article L122.12 du code du travail qui stipule : *« S'il survient une modification dans la situation juridique de l'employeur, notamment par succession, vente, fusion, transformation de fonds, mise en société, tous les contrats de travail en cours au jour de la modification subsistent entre le nouvel employeur et le personnel de l'entreprise. »*

Cela signifie que la nouvelle entreprise contractante doit reprendre le personnel du prestataire cédant : Les contrats de travail subsistent mais si les salariés refusent d'être intégrés dans la structure du nouveau prestataire, cela équivaut à une démission de leur part. Le nouvel employeur ne peut pas faire le tri entre les salariés, sinon il prend à sa charge les indemnités de licenciement.

Les conventions collectives de certains secteurs d'activité tels que le nettoyage, le gardiennage, la restauration de collectivités mentionnent explicitement ces dispositifs de protection des salariés concernés.

Si l'acheteur se trouve dans ce cas de figure, il est tenu, dans son dossier d'appel d'offres, de préciser cette obligation aux entreprises consultées.

4 • Les risques spécifiques à l'achat de prestations de services

Préalablement à la rédaction du contrat, l'acheteur intègre et recense les risques possibles d'infraction à la législation du travail, notamment :
- le prêt de main-d'œuvre illicite ;
- le délit de marchandage ;
- le délit de travail dissimulé.

Le prêt de main-d'œuvre illicite

L'article L 125-3 du code du travail stipule : *« Toute opération à but lucratif ayant pour objet exclusif le prêt de main-d'œuvre est interdite, sous peine des sanctions prévues à l'article (...) dès lors qu'elle n'est pas effectuée dans le cadre des dispositions du code de travail relatives au travail temporaire. »*

Ainsi, le fait de mettre du personnel au service et aux ordres d'un utilisateur qui va pouvoir se comporter, le temps du contrat, comme un véritable employeur est formellement interdit en dehors des règles du travail temporaire.

Le délit de marchandage

L'article L 125 -1 du code du travail dispose que : *« Toute opération à but lucratif de fourniture de main-d'œuvre qui a pour effet de causer un préjudice au salarié qu'elle concerne... est interdite ».*

Le marchandage est l'opération à but lucratif de fourniture de main-d'œuvre qui a pour effet de causer un préjudice au salarié qu'elle concerne.

Pour que le délit de marchandage soit constitué, il faut qu'un certain nombre d'indices soient réunis. Parmi ces indices, citons :
- l'existence de relations hiérarchiques avec le personnel du prestataire ;
- la présence de relevés de présence ou de temps de travail du personnel du prestataire ;

- des salariés du prestataire sans moyens d'industrie fournis par leur employeur – le prestataire – (par exemple des agents de maintenance sans caisse à outils ou des informaticiens sans ordinateur portable) ou ces mêmes moyens mis à disposition par l'entreprise utilisatrice ;
- une prestation facturée par référence aux seules heures de travail ;
- l'existence d'un contrat ne mentionnant qu'une obligation de moyens ;
- des horaires de travail du personnel du prestataire basés, sans obligation justifiée, sur ceux du personnel de l'entreprise cliente ;
- etc.

Ces indices ne sont pas, en eux-mêmes, décisifs, mais leur réunion est déterminante. Les sanctions applicables sont extrêmement sévères puisqu'elles prévoient des amendes et des peines d'emprisonnement pouvant aller respectivement jusqu'à 150 000 euros et 5 ans.

L'acheteur veille à ce que toutes les précautions soient prises, tant lors de la rédaction du contrat que durant l'exécution de la prestation. Ainsi :

- **la nature de la prestation doit être précisée et clairement distinguée de celle exercée par son entreprise. L'opération est interdite dès lors que son objet est exclusivement un prêt de main-d'œuvre comme dans certains cas dits de « mise à disposition de personnel » ;**
- **le prix de la prestation doit être exprimé sous forme forfaitaire ;**
- **le prestataire doit être soumis à une obligation de résultat ;**
- **le prestataire doit maintenir son autorité sur son personnel (encadrement, discipline, sécurité...). Le salarié doit recevoir ses instructions de son supérieur et non de l'entreprise utilisatrice, celle-ci ne devant par ailleurs exercer aucune autorité directe sur le personnel du prestataire ;**
- **le prestataire doit apporter une technicité, un savoir-faire et fournir le matériel ainsi que les documents nécessaires à ses collaborateurs, etc. ;**
- **la prestation doit être réalisée en toute indépendance technique et économique ;**
- **etc.**

Ces différents aspects sont repris dans le paragraphe 5 ci-après relatif à « La rédaction du contrat de prestations de services » (rubrique « Modalités d'exécution »).

■ Le délit de travail dissimulé

L'article L323-14 du code du travail (loi n° 2004 -810 du 13 août 2004) stipule : *« Toute personne qui ne s'est pas assurée, lors de la conclusion d'un contrat, et tous les six mois, jusqu'à la fin de l'exécution d'un contrat, dont l'objet porte sur une obligation d'un montant au moins égal à 3000 euros en vue de l'exécution d'un travail, de la fourniture d'une prestation de services ou de l'accomplissement d'un acte de commerce, que son contractant s'acquitte de ses obligations au regard de l'article L 324-10 (...) sera tenue solidairement avec celui qui a fait l'objet d'un procès-verbal pour délit de travail dissimulé au paiement des impôts, taxes... »*

Afin de ne pas s'exposer à ce risque, l'acheteur précise dans son dossier d'appel d'offres, que l'offre du prestataire doit être accompagnée :

- **d'une attestation sur l'honneur justifiant que l'entreprise s'acquitte régulièrement de ses obligations légales, sociales et fiscales ;**
- **d'une déclaration sociale datant de moins d'un an ;**
- **d'un avis d'imposition de la taxe professionnelle ;**
- **d'un extrait de Kbis.**

5 • La rédaction du contrat de prestations de services

Le contrat d'achat de prestations de services reprend les bases communes à tous les contrats (cf. chapitre « Renforcer sa capacité à contracter »).

Le lecteur trouvera ci-dessous une liste (non exhaustive) de clauses contractuelles ou juridiques fréquemment utilisées ou précisées dans les contrats d'achat de prestations de services.

Elles sont présentées dans l'ordre chronologique de leur éventuelle utilisation.

Rubriques du contrat	Explications et commentaires
Objet	Cette clause précise la nature de la prestation de services à réaliser comme par exemple : *Par le présent contrat, « X » confie à « Y », sous sa seule responsabilité, l'exécution de prestations de maintenance listées ci-après, sans qu'il y ait engagement d'exclusivité de la part de X.*
Description des prestations	L'acheteur détaille l'ensemble des prestations à effectuer ou peut faire référence soit à un cahier des charges (s'il est technique), soit à l'offre du prestataire.
Prix	Le contrat précise les éléments tarifaires négociés : – soit un montant global forfaitaire (journalier, mensuel, etc.) ; – soit un prix unitaire en référence à un bordereau de prix ; – soit un prix à l'acte. Les prix doivent être, autant que faire se peut, liés à une obligation de résultat (cf. § ci-après « Engagement de résultat »).
Révision de prix	Si le cas a été prévu, le contrat précise la formule de révision de prix (comme pour l'achat de fournitures). L'acheteur n'accepte aucune formule de révision faisant référence au seul indice de main-d'œuvre, cela pouvant constituer, le cas échéant, un indice de prêt illicite de main-d'œuvre.
Engagement de résultat	Si le cas est prévu, le contrat précise que le prestataire est soumis à une obligation de résultat. Le contrat énonce alors clairement la nature de cette obligation (résultats, niveaux de qualité ou de performance attendus) ainsi que les indicateurs de référence convenus par les deux parties. Avec une obligation de résultat, la responsabilité du prestataire peut être mise en cause par simple constatation que le résultat promis n'a pas été atteint, sans avoir à prouver la faute. C'est au prestataire de faire la preuve de l'existence d'une cause étrangère à sa volonté : force majeure, fait de l'acheteur, d'un tiers, etc.
Intéressement aux résultats	Si le cas de figure le permet, l'acheteur prévoit un intéressement du prestataire aux résultats sous forme d'un bonus/malus, comme par exemple : – paiement sur la base de 90 % du prix convenu si non-atteinte du résultat ; – paiement du prix convenu si le résultat est atteint ; – paiement à hauteur de 110 % si le résultat obtenu permet d'obtenir des gains substantiels.
Suivi de la prestation (cas de prestation continue)	S'il s'agit d'une prestation continue (prestations de gardiennage, de nettoyage, de maintenance de site, etc.), le contrat précise les modalités convenues pour son suivi : reporting mensuel par le prestataire, comité de pilotage, cahiers de liaison, etc. Le paragraphe 8 ci-après expose les différents moyens de suivi à disposition de l'acheteur.

Rubriques du contrat	Explications et commentaires
Plan assurance qualité	Si tel est le cas, le contrat précise que le prestataire doit remettre son plan d'assurance qualité (PAQ) à l'acheteur, avant le démarrage de la prestation, et cela pour accord.
Délais de réalisation ou de mise en œuvre	Selon les cas, le contrat précise : – soit la date de réalisation (si la prestation est unique) ; – soit la date de démarrage de la prestation.
Modalités de réception et de contrôle	Suivant qu'il s'agisse d'une prestation unique ou d'une prestation continue, il convient de distinguer deux cas de figure. • **Prestation unique** (mises en service, formation, assistance, etc.) : le contrat précise les modalités de réception de la prestation, protocole de contrôle, procès-verbal de réception à utiliser, etc. • **Prestation continue** (prestations de gardiennage, nettoyage, maintenance de site, etc.) : le contrat précise les modalités et les moyens de contrôle mis en place, contrôles inopinés, contrôles programmés, etc. Le paragraphe 8 ci-après expose les différentes modalités de suivi à disposition de l'acheteur.
Transfert de propriété	Le transfert de propriété s'effectue à réception de la chose reconnue conforme par l'acheteur mais l'article 1792-6 du code civil stipule : « La réception est l'acte par lequel le maître de l'ouvrage déclare accepter l'ouvrage avec ou sans réserve. » Le contrat précise que le « procès-verbal de réception » établi lors de la réception attestera l'accord des deux parties sur le transfert de propriété.
Pénalités de retard	En cas de prestation unique, l'acheteur a tout intérêt à inclure une telle clause (comme pour l'achat de fournitures).
Non-atteinte des résultats	En cas de non-atteinte des résultats, le contrat précise les pénalités applicables comme par exemple : « Durant la première année du contrat, 97 % des pannes devront être levées dans les trois heures suivant leur signalement (1). Le prestataire devra reverser 2 % du montant annuel HT du contrat si la performance est comprise entre 95 et 96,99 % et 3,5 % si elle est comprise entre 94 et 94,9 %. »
Modalités d'exécution	Afin de ne pas s'exposer à une éventuelle infraction au code du travail (prêt illicite de main-d'œuvre, délit de marchandage), le contrat précise notamment que le prestataire : – s'engage à prendre toutes les dispositions utiles pour assurer la mise en place en temps voulu des moyens et actions nécessaires à la réalisation de sa mission ; – apporte son savoir-faire, ses méthodes et ses connaissances, concrétisés par l'intervention de son personnel, son encadrement et ses matériels ;

(1) Définir le signalement.

Rubriques du contrat	Explications et commentaires
	– assure l'encadrement, la surveillance et la sécurité des personnes affectées à la prestation et que celles-ci restent sous son entière subordination ; – s'engage à préciser, avant le démarrage de la prestation, le nom des personnes (ou fonctions) assurant l'encadrement opérationnel de la prestation. Il peut être utile de rappeler que le prestataire est tenu à une obligation de renseignement et de conseil (articles 1135 et 1602 du code civil).
Plan de prévention des entreprises extérieures	La production d'un plan de prévention pouvant être requise dans certains cas, l'acheteur mentionne alors les obligations afférentes (cf. même rubrique du chapitre consacré aux « Spécificités de l'achat de sous-traitance »).
Mise à disposition de moyens par l'acheteur	S'il est prévu que des matériels, outillage, locaux, etc., soient mis à la disposition du prestataire par l'acheteur, le contrat les décrit et expose les modalités de mise à disposition, d'inventaires intermédiaires et de restitution à l'expiration du contrat. Le contrat précise aussi les dispositions applicables en cas d'écarts constatés lors de ces inventaires ou lors de la restitution : pénalités, obligation de remise en conformité des installations ou des matériels, etc.
Mise à disposition de documents par l'acheteur	Si la mise à disposition de documents, de données informatiques, etc., est nécessaire à l'exécution de la prestation, le contrat précise leur nature et leurs conditions d'utilisation (cf. rubriques ci-après relatives à propriété et à la confidentialité).
Cession du contrat à un tiers	L'acheteur définit les conditions dans lesquelles le contrat peut être ou non cédé à un tiers (par exemple en cas de vente par le prestataire, de l'activité en charge de l'exécution du contrat). L'éventuelle cession du contrat doit rester subordonnée à l'accord préalable de l'acheteur : cela doit être mentionné dans le contrat.
Assurances en responsabilité civile	Le contrat précise, surtout si le prestataire intervient dans les locaux de l'acheteur, les documents à fournir par le prestataire au titre de sa responsabilité civile professionnelle tels que : – attestation de renonciation à recours ou action à l'encontre de l'entreprise de l'acheteur, et cela tant du prestataire que de ses assureurs ; – attestation prouvant qu'il est titulaire d'une police d'assurance couvrant sa responsabilité civile professionnelle et précisant les montants garantis par sinistre ainsi que les franchises ; – justification du bon règlement de ses primes, sous forme d'une copie de facture acquittée.
Engagement de confidentialité	Si nécessaire, le contrat précise que le prestataire s'engage : – à considérer comme strictement confidentielles les données, informations, etc., qui lui sont transmises ; – à ne les communiquer qu'aux personnes affectées à la prestation ; – à faire signer auxdites personnes un engagement de confidentialité par lequel elles s'obligent à respecter les dispositions de la clause ; – à ne pas les divulguer, les copier, ni à les utiliser pour tout autre usage que l'exécution du contrat en cours ;

Rubriques du contrat	Explications et commentaires
	– à restituer à l'expiration du contrat, tant lui que ses collaborateurs, tous les documents qui leur auraient été remis. Le contrat peut aussi préciser que ces dispositions restent en vigueur après l'expiration du contrat (délai à préciser).
Sous-traitance	Le contrat rappelle ce qui a été convenu lors de la négociation (voire précisé dans le dossier d'appel d'offres. Il peut par exemple : – stipuler que l'accord préalable de l'acheteur est nécessaire en cas de recours à la sous-traitance en cours d'exécution du contrat ; – fixer le seuil maximal de sous-traitance réalisable par le fournisseur ; – interdire le recours à la sous-traitance. Dans un souci de maîtrise de la qualité, il est utile de rappeler dans le contrat qu'en cas de recours autorisé à la sous-traitance, le prestataire peut être amené à communiquer les contrats de sous-traitance à l'acheteur, si celui-ci lui en fait la demande.
Réversibilité de la prestation	Pour certaines prestations, l'acheteur peut être amené à insérer une clause de réversibilité qui lui garantit, en cas de résiliation ou en fin de contrat, de reprendre ou de faire reprendre la prestation par un tiers, sans que des obstacles majeurs éventuellement engendrés par des choix ou des solutions du prestataire cédant l'en empêchent. Cet aspect sera développé plus longuement dans le chapitre ci-après consacré aux « Spécificités de l'achat de prestations intellectuelles » (cf. point 3 « Les risques spécifiques à l'achat de prestations intellectuelles »).
Propriété intellectuelle	Nous renvoyons également notre lecteur au chapitre ci-après consacré aux « Spécificités de l'achat de prestations intellectuelles » (cf. point 3 « Les risques spécifiques à l'achat de prestations intellectuelles »).

6 • La diffusion du contrat aux acteurs opérationnels

Lors du démarrage de la prestation, l'acheteur s'assure que l'utilisateur de la prestation (ou son représentant) est en possession du contrat et surtout qu'il s'en est approprié le contenu, notamment pour tout ce qui concerne le suivi, la réception et ses propres obligations.

Dans de nombreux cas, l'acheteur ne doit pas hésiter, préalablement au démarrage de la prestation, à organiser une réunion avec le demandeur (ou la personne chargée de suivre l'exécution de la prestation) et l'interlocuteur technique du prestataire afin de s'assurer que les acteurs opérationnels des deux parties ont une bonne connaissance des termes du contrat, tant pour ce qui concerne leurs obligations réciproques que les conséquences et sanctions prévues en cas de manquements.

7 • Le démarrage de la prestation

Au démarrage de la prestation, l'acheteur effectue (ou fait effectuer) les vérifications ou opérations préalables prévues dans le contrat.

■ Vérification des documents

Il s'agit de s'assurer que tous les documents exigés du prestataire dans le contrat sont actualisés et conformes. *Par exemple :*
- KBis ;
- documents relatifs à l'hygiène et la sécurité du travail (PPSPS, plan de prévention, etc.) ;
- plan Assurance Qualité ;
- programme, planning d'exécution, etc. ;
- liste de personnel ;
- attestation d'assurance en responsabilité civile professionnelle ;
- etc.

■ Mise à disposition par l'acheteur de locaux, matériels, documents

Les matériels, documents, etc., que l'acheteur met à la disposition du prestataire ont été décrits dans le contrat. Il convient d'en d'effectuer un inventaire contradictoire dès le démarrage de la prestation et d'établir un procès-verbal signé par les deux parties.

L'acheteur peut aussi être amené à mettre des locaux ou des installations à la disposition du prestataire afin de se conformer aux dispositions légales et réglementaires : un état des lieux est également dressé de façon contradictoire au démarrage de la prestation.

8 • Le suivi et la réception des prestations de services

Sauf cas particulier, il n'appartient pas à l'acheteur de réceptionner la prestation ou de la suivre de manière opérationnelle.

En revanche, il doit veiller à ce que leurs réceptions soient réalisées conformément aux modalités et dispositions prévues dans le contrat.

Deux cas se présentent pour la réception des prestations de services selon qu'elles sont :
- ponctuelle : mise en service d'un équipement, réparation d'un équipement, etc. ;
- continue : gardiennage d'un site, maintenance industrielle, etc.

■ Le suivi et la réception d'une prestation ponctuelle

Le suivi de l'exécution

Le suivi d'une telle prestation a principalement pour objet de s'assurer du respect des délais de mise en œuvre et de réalisation.

La réception

Dès lors que la prestation est déclarée achevée par le prestataire, le demandeur (ou un tiers mandaté pour cela) procède à sa réception, celle-ci consistant à vérifier que le résultat est conforme aux obligations et exigences définies dans le contrat et/ou le cahier des charges.

À l'issue des opérations de vérification et de contrôle de conformité de la prestation, le demandeur peut :
- soit la réceptionner, s'il constate que celle-ci est conforme. Les deux parties en attestent le bien-fondé dans un « procès-verbal de réception » (ou une fiche d'intervention ou une fiche de mission) que signent le représentant de l'acheteur et l'intervenant du prestataire ;
- soit la réceptionner avec réserves : celles-ci sont décrites dans un procès-verbal de réception signé par les deux parties. Autant que faire se peut, le représentant de l'acheteur et le prestataire conviennent d'une date pour la levée des réserves ;
- soit la refuser, le résultat attendu n'étant pas atteint. Les deux parties conviennent d'une nouvelle date de réception tandis que l'acheteur peut appliquer les pénalités de retard prévues au contrat.

Le procès-verbal de réception doit être adapté à la typologie et à la nature de la prestation afin d'assurer par ailleurs la traçabilité des prestations effectuées. *Ainsi pour la réparation ou le dépannage d'un équipement sur site, le procès-verbal peut notamment mentionner :*
- l'heure d'arrivée et de départ de l'intervenant ;
- la description de l'intervention ;
- la liste des pièces détachées remplacées, s'il y a lieu ;
- etc.

La levée des réserves

La levée des réserves s'effectue à l'identique de la réception. À l'issue de celle-ci, il appartient à l'acheteur de décider de la levée de la retenue de garantie, si toutefois un tel dispositif a été prévu.

■ La réception d'une prestation continue

La prestation est continue, constante, récurrente ; le transfert de propriété s'opère à tout instant : prestations de nettoyage, de gardiennage, de gestion des relations clients par téléphone, de maintenance, etc.

Préalablement à la rédaction du contrat, et en vue de leur description dans la clause idoine (cf. point 5 « La rédaction du contrat de prestations de service »), le demandeur et l'acheteur ont défini les outils de suivi de la prestation.

Suivant la nature des prestations et selon qu'elles sont exécutées chez l'acheteur ou chez le prestataire, les différents outils de suivi (et par conséquent de réception) suivants peuvent être mis en œuvre.

Contrôles par sondage ou par échantillonnage

Suivant la nature et la fréquence de la prestation, le demandeur (ou un tiers mandaté pour cela), effectue inopinément des contrôles contradictoires en présence du prestataire, dans le but de vérifier l'exécution correcte des obligations du contrat.

Les mesures portent sur les indicateurs de performance définis et sont effectuées conformément aux dispositions prévues dans le contrat (procédure, moyens de contrôle et de mesure, etc.). Elles peuvent être consignées dans une « fiche de contrôle » (cf. exemple ci-après de fiche de contrôle), le niveau d'efficacité étant apprécié selon un barème convenu, tel que :

- note C : la prestation est conforme aux obligations contractuelles ;
- note A : la prestation est acceptable, mais peut être améliorée ;
- note I : la prestation n'est pas acceptable : le demandeur (ou le tiers mandaté pour cela) peut alors demander au prestataire d'apporter une correction immédiate à la non-conformité et si besoin, lui demander de proposer et/ou de mettre en œuvre une action corrective dans les meilleurs délais (cf. plan assurance qualité »).

Fiche de contrôle de prestations de services n°						
Nature de la prestation :						
Prestataire		N° de contrat		Date du contrôle		
Nature des opérations vérifiées		**Satisfaisant**	**Acceptable**	**Non acceptable**	**Observations**	
Corrections demandées						
Actions correctives demandées						
Nom et visa du demandeur			**Nom et visa du représentant du prestataire**			

Dans le cas où l'utilisation d'une telle fiche ne présente aucun intérêt, le demandeur établit une « fiche d'anomalie » décrivant la non-conformité constatée.

Contrôles programmés

Le demandeur (ou un tiers mandaté pour cela) effectue des contrôles contradictoires programmés avec le prestataire afin de vérifier le respect du planning d'intervention proposé par le prestataire. Pour cela, il utilise un « planning de contrôle (cf. exemple ci-après).

Dans certains cas, la traçabilité de l'intervention permet d'effectuer des contrôles a posteriori (dans les cas de maintenance d'ascenseurs ou d'extincteurs par exemple).

Planning de contrôle des équipements de....................												
Nature de la prestation :												
Prestataire					N° de contrat							
	Trimestre 1			**Trimestre 2**			**Trimestre 3**			**Trimestre 4**		
Dates de contrôle prévues												
Dates de contrôles effectives												
Écart constaté												
Date et visa du contrôleur												

Comme pour les contrôles par sondage, le demandeur peut se satisfaire d'une simple notification de la non-conformité constatée en utilisant une « fiche d'anomalie ».

Audit du prestataire

L'acheteur met en œuvre ce dispositif lorsque la prestation est exécutée dans les locaux du prestataire, l'audit permettant notamment de :
- mesurer l'atteinte des résultats attendus ;
- procéder à l'identification des défauts de conformité par rapport aux indicateurs du contrat ;
- demander des actions correctives ;
- etc.

L'acheteur veille à ce que le compte rendu de visite établi par l'auditeur ou le contrôleur soit communiqué au prestataire.

Comité de pilotage

Les modalités concernant l'organisation et la mise en œuvre du comité de pilotage ont été définies dans le contrat, à savoir : son rôle, sa composition, la fréquence des réunions, le mode de fonctionnement, etc.

Le comité de pilotage peut fonctionner sur la base d'un ordre du jour type stipulant les points systématiquement évoqués tels que :
- bilan de la mise en œuvre des actions correctives décidées lors des réunions précédentes ;
- mesure de leur impact sur la prestation ;
- analyse des indicateurs qualité ;
- identification et analyse des non conformités et des écarts par rapport aux engagements contractuels ;
- recueil des propositions d'amélioration formulées par le prestataire ;
- planification des actions correctives décidées ;
- etc.

Reporting du prestataire, rapports d'activité périodiques

Le prestataire tient à jour les statistiques (enregistrements quantitatifs ou qualitatifs) et les indicateurs qualité ou de performance convenus dans le contrat. Il les transmet à l'utilisateur de la prestation et à l'acheteur aux échéances définies par les deux parties.

Carnet de liaison

Le carnet de liaison est surtout utilisé pour les prestations effectuées en dehors des heures de présence de l'utilisateur de la prestation.

Fiches de réclamations, relevés d'incidents

Les utilisateurs de la prestation formulent leurs réclamations ou signalent les incidents constatés dans une fiche d'anomalie ou de non-conformité, dans un cahier de réclamations ou tout autre support créé pour la circonstance.

Ces réclamations n'ont d'intérêt que si leur exposé est factuel.

Enquête de satisfaction

L'acheteur évalue le niveau de la prestation en réalisant (ou faisant réaliser) une enquête de satisfaction auprès des utilisateurs. Dans certains cas, il peut aussi recourir à des visites mystères et, pour ce faire, faire appel à un prestataire spécialisé.

9 • Le suivi de la qualité des prestations de services

Si pour les prestations ponctuelles, les non-conformités apparaissent à leur réception, il n'en est pas de même pour celles qui se déroulent en continu.

L'acheteur doit donc prendre toutes les dispositions internes afin d'être informé dans les meilleurs délais de toute non-conformité telle que non-respect des délais d'exécution prévus, non-atteinte des résultas attendus, absence de réactivité, etc., afin :
- d'appliquer les pénalités prévues dans le contrat ;
- de suivre la qualité des prestataires ;
- d'identifier précocement toute dérive des prestataire.

Nous renvoyons notre lecteur au dernier chapitre de cet ouvrage « Suivre et gérer ses performances » traitant du suivi des fournisseurs et prestataires.

Il est souvent très utile pour l'acheteur d'observer la façon dont le prestataire réalise sa prestation afin d'identifier d'éventuels écarts entre les unités d'œuvre prévues dans la décomposition des prix et celles déployées lors de l'exécution de la prestation, pourvu que cette dernière soit conforme aux résultats attendus. Les écarts constatés pourront être exploités, avec tact, lors des appels d'offres et négociations ultérieurs.

Chapitre 8

LES SPÉCIFICITÉS DE L'ACHAT DE PRESTATIONS INTELLECTUELLES

1 • La notion de prestation intellectuelle

Une prestation est dite intellectuelle lorsque la part de réflexion est supérieure à la part de service. Elle est caractérisée par le sur-mesure, l'immatérialité.

Les prestations intellectuelles peuvent être classées :
- par type : diagnostic, études, formation, transfert de compétence, conseil, audit, maîtrise d'œuvre, etc. ;
- par domaine d'intervention : communication, publicité, marketing, ventes, systèmes d'information, juridique, ingénierie, maintenance informatique, etc.

2 • Le processus d'achat des prestations intellectuelles

Le processus d'achat ne présente pas de particularité significative par rapport à celui de l'achat de prestation de services, si ce n'est l'audition des prestataires qu'il est souvent nécessaire d'organiser après la phase d'analyse comparative des offres techniques (tout du moins les plus pertinentes d'entre elles). Selon les cas et le besoin, l'audition peut avoir pour objet :
- la rencontre des intervenants ou consultants retenus et proposés par le prestataire afin d'apprécier leurs compétences, voire leur adéquation par rapport aux enjeux, à la culture de l'entreprise de l'acheteur, etc. ;

> **!** **Lorsque les projets sont importants, seuls les futurs responsables opérationnels de projet ou de mission sont auditionnés.**

- l'obtention de compléments d'information sur les méthodologies, les moyens mis en œuvre, etc. ;
- le détail, l'approfondissement, la validation de certains aspects techniques de chacune des offres ;
- l'évaluation de la motivation, de l'implication du prestataire dans le projet ;
- etc.

3 • Les risques spécifiques à l'achat de prestations intellectuelles

Parmi les principaux risques que l'acheteur doit prendre en compte lors de ses achats de prestations intellectuelles, citons :
– le risque d'infraction à la législation du travail ;
– le risque de dépendance vis-à-vis du prestataire ;
– le risque de fuite d'informations confidentielles ;
– la perte de droits sur la propriété des résultats ;
– le risque d'infraction au code de la propriété intellectuelle.

■ Les risques d'infraction à la législation du travail

Les risques d'infraction à la législation du travail sont les mêmes que ceux encourus lors des achats de prestations de services : prêt illicite de main-d'œuvre, délit de marchandage, délit de travail dissimulé. Si nécessaire, l'acheteur met en place les mêmes dispositions contractuelles (cf. chapitre précédent).

La typologie de certaines prestations informatiques, telles la délégation, la mise à disposition de personnel, génèrent des situations juridiquement ambiguës, mais pénalement sanctionnables. Pour ce type de prestations, l'acheteur doit être particulièrement vigilant tant lors de la rédaction du contrat (en décrivant les obligations du prestataire) que lors de l'exécution de la mission (en s'assurant que les utilisateurs de la prestation ne se substituent jamais aux obligations du prestataire).

■ Les risques de dépendance vis-à-vis du prestataire

Les principaux risques de dépendance susceptibles d'apparaître lors de l'exécution d'une prestation intellectuelle peuvent résulter du départ d'un consultant, de la perte de maîtrise du contrôle de la prestation ou de la non-réversibilité de la prestation.

Départ d'un consultant

Le départ de consultants ou d'intervenants affectés à l'exécution d'une prestation peut non seulement nuire à son efficacité mais aussi créer une dépendance vis-à-vis du prestataire.

L'acheteur prévoit des clauses décrivant les modalités d'assimilation et le transfert des connaissances en interne au fur et à mesure du déroulement de la prestation. Il peut aussi prévoir un engagement de respect d'un niveau minimum de turnover.

Perte de maîtrise et de contrôle de la prestation

La réalisation de certaines prestations intellectuelles, telles que : études, conseil, développement de logiciel nécessite souvent de plusieurs semaines à plusieurs mois avant que le prestataire livre l'objet de la prestation. Il ne serait pas convenable d'attendre cette livraison pour constater que la prestation n'est pas conforme aux attentes, d'autant plus que, dans de nombreux cas, l'obligation de résultat est difficile à mettre en œuvre.

Afin de garder la maîtrise sur la prestation, l'acheteur découpe la prestation en lots en la jalonnant de points d'arrêt tels que : réceptions intermédiaires, remises de livrables, validation de choix de solutions, transfert de connaissance, etc.

Non-réversibilité de la prestation

L'un des autres risques majeurs de dépendance est celui de la non-réversibilité de la prestation en fin de contrat (voire en cas de résiliation), les solutions et les moyens techniques utilisés par le prestataire ne permettant pas à l'acheteur de reprendre la prestation ou de la faire reprendre par un tiers.

Si nécessaire, l'acheteur prévoit une clause de réversibilité qui précise les modalités prévues par les deux parties pour la mise en œuvre de la réversibilité (cf. ci-après « La rédaction du contrat d'achat de prestations intellectuelles »).

Les risques de fuite d'informations confidentielles

La mise en œuvre et la réalisation des prestations intellectuelles requièrent très souvent de mettre à disposition ou de communiquer aux prestataires des informations, des données, des supports à contenu confidentiel.

(!) **L'acheteur veille à insérer les clauses qui engagent le prestataire au respect de la confidentialité y compris après l'expiration du contrat. Dans ce cas, la durée d'application de la clause doit être précisée dans le contrat.**

Les risques liés à la perte de droits sur la propriété des résultats

Dans le cas de prestations intellectuelles se pose le problème de la propriété liée à la création de valeur durant la prestation.

(!) **Aussi, l'acheteur doit prendre en compte toutes les dispositions permettant de revendiquer la propriété intellectuelle des résultats, voire la propriété des inventions nées à l'occasion de l'exécution du contrat.**

La nature des droits de l'acheteur sur les résultats nés de la prestation doit être précisée dans le contrat.

Nature des droits	Exemples de clause
Droit d'utilisation	L'acheteur peut librement utiliser les résultats des prestations.
Droit de reproduction	L'acheteur a le droit de reproduire les documents, les résultats, etc., provenant de la prestation.
Droit de communication sans reproduction des résultats	L'acheteur peut communiquer à des tiers les résultats des prestations, notamment documents et renseignements de toute nature provenant de la prestation.
Droit de publication des résultats	L'acheteur peut publier les résultats des prestations après en avoir informé le prestataire et en mentionnant son identité.

(!) **Le contrat stipule, si nécessaire, que le prestataire ne peut utiliser les résultats des prestations, communiquer ces résultats à des tiers, publier ces résultats sans l'accord écrit préalable de l'acheteur.**

■ Les risques d'infraction au code de la propriété intellectuelle

Le risque d'infraction réside dans l'utilisation de données, de supports, etc., protégés par le « droit d'auteur ».

En effet, l'utilisation d'une œuvre de l'esprit sans l'autorisation préalable de son auteur constitue un délit civil et pénal. L'article L. 335-3 du code de la propriété intellectuelle dispose que « *toute reproduction, représentation ou diffusion, par quelque moyen que ce soit, d'une œuvre de l'esprit en violation des droits de l'auteur, constitue une contrefaçon* ».

Par œuvre de l'esprit, on entend « *des textes de toute nature comme des notices techniques, des logiciels, des images fixes, des photographies, etc.* ».

La transmission des droits de l'auteur est possible mais en respectant les dispositions de l'article L.131-3 du code de la propriété intellectuelle qui dispose que la transmission des droits de l'auteur est subordonnée à la condition que chacun des droits cédés fasse l'objet d'une mention distincte dans l'acte de cession et que le domaine d'exploitation soit délimité quant à son étendue, sa destination, son lieu et sa durée.

Si le cas est prévu, l'acheteur veille à ce que les modalités de transmission des droits d'auteur soient précisées dans le contrat.

Pour ce qui concerne les logiciels, ils sont protégés par le régime des droits d'auteur mais soumis à des règles dérogatoires (loi 94-361 du 10/05/94), au profit de l'utilisateur. Ainsi, sous certaines conditions, l'utilisateur peut reproduire, adapter le logiciel, sans l'autorisation de l'auteur, afin de permettre l'utilisation du logiciel conformément à sa destination, y compris pour corriger certaines erreurs.

4 • La rédaction du contrat d'achat de prestations intellectuelles

Le contrat d'achat de prestations intellectuelles reprend les bases communes à tous les contrats (cf. chapitre « Renforcer sa capacité à contracter »).

Le lecteur trouvera ci-dessous une liste (non exhaustive) de clauses contractuelles ou juridiques fréquemment utilisées ou précisées dans les contrats d'achats de prestations intellectuelles.

Elles sont présentées dans l'ordre chronologique de leur éventuelle utilisation.

Rubriques du contrat	Explications et commentaires
Objet du contrat	Le contrat précise l'objet du contrat, tel que : « Le présent contrat a pour objet de fixer les conditions et modalités applicables aux prestations de conseil qui seront assurées par le consultant au profit du client, telles que définies en annexe ». Le contrat peut aussi faire référence au cahier des charges ou à l'offre du prestataire. Lorsqu'il s'agit de prestations assurées par des consultants dont les curriculum vitae ont été annexés à l'offre, il convient de faire référence à l'offre commerciale et non à un curriculum vitae, ce qui pourrait constituer, le cas échéant, un indice de prêt illicite de main-d'œuvre.
Nature des prestations	Autant que faire se peut, le contrat décrit la nature des prestations dues par le prestataire. *Ainsi, pour une prestation ayant pour objet la réalisation d'une enquête de satisfaction client, le contrat précisera par exemple que les prestations comprennent :* – *la définition de l'échantillonnage représentatif ;* – *l'élaboration des questionnaires ;* – *la réalisation des interviews ;* – *le traitement des données collectées ;* – *l'interprétation des résultats ;* – *la remise d'un document de synthèse.*
Prix	Selon les cas et le type de prestations, le contrat précise le prix qui peut avoir été convenu sous la forme : – soit d'un prix global et forfaitaire ; – soit d'un prix global et forfaitaire détaillé par lots ; – soit d'un prix forfaitaire par acte ; – soit d'un prix forfaitaire mensuel ; – soit d'un tarif à la journée décliné par profil (chef de projet, analyste, etc.) ; – etc. Les prix doivent être, autant que possible, liés à une obligation de résultat (cf. § ci-après « Engagement de résultat »). Si cela a été convenu, le contrat précise la formule de révision de prix retenue par les parties.
Durée de mission	Le contrat précise la durée prévisionnelle de la mission ou de la prestation.
Engagement de résultat	Autant que possible, l'acheteur soumet ses prestataires intellectuels à une obligation de résultat et décrit les indicateurs de performance retenus ainsi que les niveaux de résultat attendus pour chacun d'entre eux. Cela étant, pour de nombreuses prestations intellectuelles, l'obligation de résultat se révèle difficile, voire impossible à définir. Dans ce cas, le contrat précise les « attendus, livrables, etc. » (cf. ci-après § « Résultats attendus »).

Rubriques du contrat	Explications et commentaires
Résultats attendus	Lorsque l'obligation de résultat ne peut s'exposer en tant que telle, le contrat décrit le plus précisément possible : – les résultats attendus : apport de connaissances, de savoir-faire, d'informations*, de préconisations, etc. ; – les objectifs qualitatifs poursuivis, si possible mesurables ; – les livrables attendus (documents, supports, données, etc.) ; – etc. (*) Les informations livrées dans le cadre d'une prestation intellectuelle peuvent être : – soit brutes : par exemple, les résultats d'une enquête sont des informations brutes qui servent de base à un diagnostic ; – soit semi-traitées : par exemple, un début de diagnostic ; – soit traitées : les informations livrées aboutissent à des préconisations ou à des plans d'actions.
Obligation de moyens	Lorsqu'il n'aura pas été possible de soumettre le prestataire à une obligation de résultat, il est utile d'inclure des précisions telles que celles-ci : – *le prestataire s'engage à exécuter les prestations qui lui sont confiées avec toute la rigueur et le professionnalisme requis ;* – *le prestataire s'engage à ce que les collaborateurs affectés à la prestation faisant l'objet du contrat possèdent la compétence, l'expérience et les qualités nécessaires à son exécution ;* – *etc.*
Frais de déplacements des intervenants	Le contrat précise les modalités et conditions de remboursement des frais de déplacements des intervenants affectés à la mission ; les deux parties pouvant avoir convenu : – soit d'une facturation des frais au réel (sur présentation de justificatifs) ; – soit d'un forfait journalier ; – etc.
Modalités d'exécution à la charge du prestataire	Afin de ne pas s'exposer à une éventuelle infraction au code du travail (prêt illicite de main-d'œuvre, délit de marchandage, etc.), le contrat précise notamment que le prestataire : – *s'engage à prendre toutes les dispositions utiles pour assurer la mise en place en temps voulu des moyens et actions nécessaires à la réalisation de sa mission ;* – *apporte son savoir-faire, ses méthodes et ses connaissances, concrétisés par l'intervention de son personnel, son encadrement et ses matériels ;* – *assure l'encadrement, la surveillance et la sécurité des personnes affectées à la prestation et que celles-ci restent sous son entière subordination ;* – *s'engage à préciser, avant le démarrage de la prestation, le nom des personnes (ou fonctions) assurant l'encadrement opérationnel de la prestation.* Il est aussi utile de rappeler que le prestataire est tenu à une obligation générale de conseil notamment d'information et de mise en garde auprès du client pendant toute la durée d'exécution du contrat.
Interlocuteurs opérationnels	Une collaboration étroite dans l'exécution de la prestation est parfois nécessaire entre les deux parties. Afin de ne pas s'exposer à un risque d'infraction à la législation du travail, la

Rubriques du contrat	Explications et commentaires
	gestion de cette collaboration doit être assurée par les seuls interlocuteurs opérationnels des deux parties. Le contrat doit mentionner leurs noms et fonctions.
Modalités d'exécution à la charge de l'acheteur	Si cela a été convenu, le contrat rappelle les obligations de l'acheteur, telle la mise à disposition de locaux, de documents, etc. Le contrat précise alors : – les modalités de restitution des moyens mis à disposition à l'expiration du contrat ; – les modalités d'utilisation et d'exploitation (confidentialité des données par exemple) ; – les pénalités applicables en cas d'inexécution des obligations.
Suivi de la prestation	Le contrat précise les modalités convenues pour le suivi de la prestation telles que : – obligation du prestataire à fournir des rapports d'avancement réguliers ; – communication par le prestataire des difficultés rencontrées dès leur survenance, etc. ; – comité de pilotage mensuel ; – etc.
Délai ou calendrier prévisionnel de réalisation	Selon les cas et le besoin, le contrat précise : – soit la date de réalisation de la prestation ; – soit le calendrier prévisionnel décrivant les jalons convenus : dates de réceptions intermédiaires, de remises de livrables, de validation de choix de solutions, de transfert de connaissance, etc.
Réception des prestations	Les modalités de réception de la prestation sont décrites dans le contrat : réceptions provisoires et définitives, moyens mis en œuvre, protocole d'acceptation, délais de validation par le client, etc.
Pénalités pour retard de réalisation	L'acheteur a tout intérêt à inclure une telle clause dans le contrat.
Propriété des résultats	Selon ce qui a été convenu, le contrat précise les dispositions prévues quant à l'acquisition des droits attachés aux prestations réalisées en matière d'utilisation, de reproduction, de communication et de publication. Par exemple : « Le client reste propriétaire des résultats et des droits d'exploitation des résultats ».
Engagement de confidentialité	Si nécessaire, le contrat précise que le prestataire s'engage à : – considérer comme strictement confidentielles les données, informations, etc., qui lui sont transmises ; – ne les communiquer qu'aux personnes affectées à la prestation ; – faire signer auxdites personnes un engagement de confidentialité par lequel elles s'obligent à respecter les dispositions de la clause ; – ne pas les divulguer, les copier, ni à les utiliser pour tout autre usage que l'exécution du contrat en cours ; – restituer à l'expiration du contrat, tant lui que ses collaborateurs, tous les documents qui leur auraient été remis ; – etc.

Rubriques du contrat	Explications et commentaires
Assurance de la qualité	Si un tel dispositif a été prévu par le demandeur, le contrat précise que le prestataire doit remettre à l'acheteur, avant démarrage de la prestation, et pour accord, un plan qualité.
Assurances en responsabilité civile	Le contrat précise, surtout si le prestataire intervient dans les locaux de l'acheteur, les documents qu'il doit fournir au titre de sa responsabilité civile professionnelle, tels que : – attestation de renonciation à recours ou action à l'encontre de l'entreprise de l'acheteur, et cela tant du prestataire que de ses assureurs ; – attestation prouvant qu'il est titulaire d'une police d'assurance couvrant sa responsabilité civile professionnelle et précisant les montants garantis par sinistre ainsi que les franchises ; – justification du bon règlement de ses primes, sous forme d'une copie de facture acquittée.
Garantie de réversibilité	Si cela a été convenu, le contrat précise les modalités de mise en œuvre de la réversibilité : contenu de la réversibilité, procédures et moyens de transfert des connaissances, délai de réalisation, recette de la réversibilité, etc.
Sous traitance	Le contrat rappelle ce qui a été convenu lors de la négociation. Il peut par exemple : – stipuler que l'accord préalable de l'acheteur est nécessaire en cas de recours à la sous-traitance en cours d'exécution du contrat ; – fixer le seuil maximal de sous-traitance réalisable par le prestataire ; – interdire le recours à la sous-traitance. Dans un souci de maîtrise de la qualité, il est utile de préciser qu'en cas de recours autorisé à la sous-traitance, le prestataire peut être amené à communiquer les contrats de sous-traitance à l'acheteur si celui-ci lui en fait la demande (cf. chapitre consacré aux « Spécificités de l'achat de sous-traitance »).

5 • La communication du contrat aux acteurs opérationnels

Lors du démarrage de la prestation, l'acheteur s'assure que l'utilisateur de la prestation (ou son représentant) est en possession du contrat et qu'il s'en est approprié le contenu, notamment pour tout ce qui concerne le suivi, la réception et ses propres obligations.

L'acheteur ne doit pas hésiter, préalablement au démarrage de la prestation, à organiser une réunion avec le demandeur (ou la personne chargée de suivre l'exécution de la prestation) et l'interlocuteur technique du prestataire, afin de s'assurer que les acteurs opérationnels des deux parties ont une bonne connaissance des termes du contrat, tant pour ce qui concerne leurs obligations réciproques que les conséquences et sanctions prévues en cas de manquements.

6 • Le démarrage de la prestation

Au démarrage de la prestation, l'acheteur effectue (ou fait effectuer) les vérifications ou opérations préalables prévues dans le contrat.

■ Vérification des documents

Il s'agit de s'assurer que tous les documents exigés du prestataire dans le contrat sont actualisés et conformes, tels que Kbis, attestations en matière de législation du travail, assurances, etc.

■ Vérification des listes du personnel intervenant

L'acheteur (ou son représentant) s'assure que les profils des personnes affectées à la prestation correspondent à ceux exposés dans l'offre commerciale du prestataire.

■ Mise à disposition de données, documents

L'acheteur (ou son représentant) établit, contre procès-verbal, la liste des documents remis au prestataire. Il s'assure de la validité de l'engagement de confidentialité pris par le prestataire et, si cela a été convenu, s'assure qu'il a mis en œuvre les dispositions analogues auprès des collaborateurs affectés à l'exécution de la mission.

■ Mise à disposition de locaux, d'équipements

S'il est prévu que des locaux ou équipements soient mis à disposition du prestataire, un état des lieux (voire un inventaire) est dressé de façon contradictoire.

7 • Le suivi de la réalisation des prestations intellectuelles

L'acheteur s'assure que les modalités de suivi de la prestation stipulées dans le contrat sont mises en œuvre. Parmi les moyens de suivi, citons par exemple :

- l'élaboration par le prestataire de comptes rendus périodiques d'avancement (comptes rendus journalier, hebdomadaire, etc.) ;
- les indicateurs correspondants aux objectifs de résultat définis ;
- la communication par le prestataire de toute dérive, de toute difficulté rencontrée, et cela, dès leur survenance ;
- les réunions périodiques d'évaluation de l'avancement : bilan des actions réalisées, analyse des outils mis en place, échanges, etc. ;
- les comités de pilotage mensuel ;
- les réceptions intermédiaires ou provisoires suivant le calendrier prévisionnel de réalisation ;
- les réunions de transfert de connaissance aux points d'arrêt planifiés ;
- etc.

8 • La réception des prestations intellectuelles

Les modalités de réception des prestations intellectuelles ne diffèrent pas de celles exposées pour les prestations de services. Aussi, nous renvoyons notre lecteur au chapitre précédent.

9 • Le suivi de la qualité des prestations intellectuelles

L'acheteur prend toutes les dispositions internes afin d'être informé dans les meilleurs délais de toute non-conformité telle que non-respect des délais d'exécution prévus, non-atteinte des résultats attendus, absence de réactivité, etc., afin :

- d'appliquer les pénalités prévues dans le contrat ;
- d'apprécier la qualité des prestataires ;
- d'identifier précocement toute dérive des prestataires.

Nous renvoyons le lecteur à la dernière partie de cet ouvrage, « Suivre et gérer ses performances », traitant du suivi des fournisseurs et prestataires.

Quatrième partie

4

Suivre et gérer ses performances

L'efficience de l'acheteur dépend tout autant de sa capacité à maîtriser les fournisseurs et prestataires qu'il a choisis que de sa propre efficacité en termes de :
- performances économique et financière ;
- service rendu aux demandeurs ;
- valeur ajoutée créée pour son entreprise.

La mesure de cette efficacité implique qu'il dispose d'indicateurs lui permettant non seulement de mesurer le niveau de ses performances mais aussi celui de l'ensemble des fournisseurs (ou prestataires) constituant son portefeuille. En effet, la réalisation de certains de ces objectifs globaux dépendant de la capacité des fournisseurs à respecter leurs engagements, l'acheteur est amené à devoir suivre en détail les performances de certains d'entre eux afin de pouvoir réagir dès la survenance d'une dérive.

L'acheteur construit par conséquent son « tableau de bord » en deux parties.
- Une partie « tableau de bord achat » dédiée au suivi de la performance globale achats de l'acheteur.
- Une partie « suivi des fournisseurs et prestataires » axée sur le suivi détaillé et personnalisé des prestations fournies par tout ou partie du panel.

Chapitre 1

LE TABLEAU DE BORD ACHAT

Le « tableau de bord achat » est constitué de l'ensemble des indicateurs permettant à l'acheteur de suivre et d'évaluer le niveau de performances réalisées par rapport à ses propres objectifs ou à ceux définis par sa hiérarchie. Deux types d'indicateurs sont à mettre en place.
- Indicateurs permanents.
- Indicateurs ponctuels.

1 • Indicateurs permanents

Ces indicateurs permettent d'évaluer et de mesurer durablement l'efficacité globale de l'acheteur, comme par exemple :
- la maîtrise des prix, à travers :
  - l'évolution des prix d'achat unitaires par rapport à des indices de référence : objectifs, budget, etc. ;
  - l'évolution de la masse achat par rapport à une « masse achat référence » suivant la méthode du « panier » ;
  - le montant des volumes d'économies générées (en valeur absolue ou par rapport à un objectif) ;
  - etc. ;
- la maîtrise des processus internes ;
- la capacité à tenir un niveau de performance donné quant aux prestations d'ensemble assurées par tous les fournisseurs du portefeuille en termes de fiabilité des produits pour les fournisseurs (de taux de service pour les prestataires), de respect des délais, de réactivité sur les non-conformités, etc.

2 • Indicateurs ponctuels ou occasionnels

Ces indicateurs accompagnent soit le déploiement des objectifs annuels ou pluriannuels de la politique achat, soit le déploiement des stratégies définies pour chacun des segments d'achat. Ils peuvent par conséquent, être de natures diverses, comme par exemple :
- *le volume d'achats généré en e-achat ;*
- *le niveau d'intégration de nouveaux fournisseurs ;*

– *le niveau d'intégration de nouveaux fournisseurs ;*
– *le taux d'utilisation des accords-cadres ;*
– *le niveau de satisfaction des clients internes ;*
– *l'amélioration de la qualité administrative des fournisseurs ;*
– *etc.*

Portefeuille achat de :						
	Segment :		**Segment :**		**Segment :**	
Indicateurs	Objectif	Réalisé	Objectif	Réalisé	Objectif	Réalisé
Dérive des prix/objectif	100		–			
Volume d'économies généré	–		3 %			
Délai moyen de traitement des demandes d'achat	5 jours		11 jours			
Taux de conformité qualité	> 99,4 %		> 99,1 %			
Respect des délais de livraison	< 1,5 j		< 0,5 j			
Taux d'utilisation des accords-cadres	> 75 %		–			

Exemple d'un tableau de bord achat

!

En règle générale, des indicateurs en trop grand nombre ne permettent pas de distinguer l'essentiel de l'accessoire.
Les indicateurs doivent être au service d'un besoin réel de mesure et de suivi.

Chapitre 2

LE TABLEAU DE BORD « SUIVI FOURNISSEURS ET PRESTATAIRES »

Si le suivi des performances de certains fournisseurs ou prestataires susceptibles de peser sur le niveau de performance global des fournisseurs s'avère nécessaire et indispensable, d'autres raisons peuvent amener l'acheteur à vouloir en exercer un suivi :

- parce qu'ils sont stratégiques pour l'entreprise ou pour son portefeuille (cf. chapitre « Mettre en œuvre une démarche stratégique achat ») ;
- parce que des risques particuliers d'approvisionnement existent sur ce segment (cf. chapitre « Anticiper et traiter les risques fournisseurs ») ;
- parce qu'il souhaite tracer leur progrès, des actions correctives ayant été décidées avec le fournisseur (cf. chapitre « Anticiper et traiter les risques fournisseurs ») ;
- parce qu'il s'agit de fournisseurs récents (cf. chapitre « Optimiser son panel fournisseurs et prestataires ») ;
- etc.

Le lecteur trouvera ci-après un exemple de tableau de « suivi des fournisseurs et prestataires ». L'acheteur a tout intérêt à traduire le suivi mensuel sous forme graphique.

!

Le tableau de bord est aussi conçu pour être un outil de gestion permettant à l'acheteur d'être alerté dès l'apparition des dérives. L'identification précoce de ces dernières lui permet de réagir immédiatement, de déterminer des objectifs d'amélioration et les plans d'action tant pour lui que vis-à-vis de ses fournisseurs et prestataires.

Exemple de tableau de bord
« Suivi fournisseurs et prestataires »

Segment : Fournisseurs

Fournisseur :

Objectif 1 : respect de la conformité des produits : > 99,4 %

Performance	jan.	fév.	mars	avr.	mai	juin	juillet	août	sept.	oct.	nov.	déc.
Du mois												
En cumulée												

Objectif 2 : délai de réactivité sur non-conformité : < 4 heures

Performance	jan.	fév.	mars	avr.	mai	juin	juillet	août	sept.	oct.	nov.	déc.
Du mois												
En cumulé												

Objectif 3 : respect des délais de livraison : > 98,5 %

Performance	jan.	fév.	mars	avr.	mai	juin	juillet	août	sept.	oct.	nov.	déc.
Du mois												
En cumulé												

Segment : Prestations

Prestataire :

Objectif 1 : conformité des prestations : > 95 %

Performance	jan.	fév.	mars	avr.	mai	juin	juillet	août	sept.	oct.	nov.	déc.
Du mois												
En cumulé												

Objectif 2 : respect des programmes d'intervention : > 98,5 %

Performance	jan.	fév.	mars	avr.	mai	juin	juillet	août	sept.	oct.	nov.	déc.
Du mois												
En cumulé												

Objectif 3 : fiabilité de la facturation : > 98 %

Performance	jan.	fév.	mars	avr.	mai	juin	juillet	août	sept.	oct.	nov.	déc.
Du mois												
En cumulé												

Bibliographie

- *Acheter avec profit*, Roger Perrotin, Les Éditions d'Organisation, 1995.
- *Analyse de la valeur, analyse fonctionnelle (Méthode APTE)*, Bertrand de la Bretesche, Éditions Petrelle, 2000.
- *Choix stratégique et concurrence*, Michael Porter, Économica, 1982.
- *Gestion des risques*, Bernard Barthelemy, Les Éditions d'Organisation, 2004.
- *Management par la valeur et ses outils - Analyse fonctionnelle, analyse de la valeur, conception à objectif désigné*, Afnor, 2004.
- *Le Marketing achats*, Roger Perrotin, Les Éditions d'Organisation, 2003.
- *La Négociation commerciale en pratique*, Patrick Davis, Les Éditions d'Organisation, 2004.
- *La Négociation d'affaires*, Michel Delahaye, Dunod, 2004.
- *Optimiser les achats par l'analyse fonctionnelle*, Jean-Arthur Pinçon, Les Éditions de la performance, 2004.
- *Stratégies d'externalisation*, Bernard Barthelemy, Dunod, 2004.
- *Stratégies d'achat*, Roger Perrotin et Roger Loubère, Les Éditions d'Organisation, 2005.

Éditions Demos

Les Éditions Demos, en créant des collections destinées à tous ceux qui sont impliqués dans la vie professionnelle, prolongent les activités du groupe Demos, dont le savoir-faire en formation est reconnu depuis 30 années avec plus de 200 000 personnes formées à ce jour.

MANAGEMENT/ RESSOURCES HUMAINES

- *Comment devenir formateur occasionnel*, Béatrice Dameron
- *Comment réussir les entretiens annuels d'évaluation*, Patricia Joly-Pierrefeu
- *Les Outils du manager*, Nouvelle édition, Bertrand Poulet
- *Comment réussir son plan de formation*, Annick Saint-Sauveur
- *Savoir former, bilan et perspectives des recherches sur l'acquisition et la transmission des savoirs*, Collectif
- *La Communication appliquée aux organisations et à la formation*, Collectif
- *Le Management aujourd'hui*, Collectif
- *La Conduite de réunion*, Bertrand Poulet
- *La Conduite humaine du changement*, Thierry Chavel
- *Savoirs et compétences en éducation, formation et organisation*, Collectif
- *Comment manager un projet*, Jean-Jacques Néré
- *Changement et innovation en formation et organisation*, Collectif
- *Compétences et performances : une alliance réussie*, Claude Flück
- *Le Coaching démystifié*, Thierry Chavel
- *Devenir Manager*, Jean-Jacques Néré
- *Profession : coach*, Thierry Chavel
- *Administrateur : un métier, des risques, un savoir-faire*, François Haffen
- *Le Management de la communication globale*, Dominique Scalia et Patrick Duncombe
- *L'Aventure de la création d'entreprise*, Philippe Bonnamy
- *Profession : formateur*, Jocelyne Lotrian Capitaine
- *Transmettre en éducation, formation et organisation*, Collectif
- *Guide pratique de la réduction des coûts*, Olivier Brongniart, Jean Chalvidant, Emmanuel Le Gouguec
- *Les Clés de la performance*, Emmanuel Maire et Matthieu Dubost
- *Démarche compétences et pratiques managériales*, Jean-Jacques Néré

MARKETING/ACTION COMMERCIALE

- *Comment réussir vos mailings*, Xavier Lucron
- *Savoir négocier pour mieux vendre, nouvelle édition*, Hassan Souni
- *Le Marketing-Prix*, Michel Hugues
- *Marketing direct et relation client*, Anne Julien

COMMUNICATION

- *Maîtriser ses écrits professionnels*, Dominique Berthod et Andrée Plot
- *Savoir lire, vite, bien..., avec plaisir*, Pauline Bel
- *Se préparer au secrétariat de demain*, A. Broilliard, P. Clairay et P. Joly-Pierrefeu
- *Les Relations presse*, Jean-Nöel Nouteau
- *Entre management et marketing : la communication interne*, Pierre-André Lestocart et Jean-Pierre Beal
- *La Communication de crise*, Véronique Sartre
- *Le Web de crise*, Pascal Lointier et Philippe Rosé

COMPTABILITÉ ET FINANCES

- *Gestion financière : analyse et décisions*, Alain Coulaud
- *Maîtriser les règlements à l'export*, Jean Hesbert
- *Les Comptes consolidés*, Benoît Lebrun
- *Évaluation des entreprises du savoir*, Loubna Loudiyi
- *Solvency II. Du projet de réforme à l'approche par les modèles internes*, David Fitouchi

QUALITÉ

- *Réussir le passage à la version 2000 de la norme ISO 9001,* Henri Mitonneau
- *DEmarche QUAlité pour un Projet d'Entreprise,* Daniel Fromentin et Jean-Arthur Pinçon
- *Gestion pratique de la chaîne logistique,* Jean-Pierre Breuzard et Daniel Fromentin

ACHATS

- *Le Guide de l'acheteur*, Patrick Caverivière

COLLECTIVITÉS TERRITORIALES

- *Décisions administratives : voies de recours et droits du citoyen,* Laurent Pascal
- *Élus et marchés publics,* Valérie Fèvre-Pelée de Saint Maurice

ENVIRONNEMENT

- *Pollution de l'environnement, risques et responsabilités,* Solange Viger

SANTÉ/BIEN-ÊTRE/ DÉVELOPPEMENT PERSONNEL

- *Le Stress intelligent,* Christiane Donati
- *Le Management de soi,* Sylvie Lainé
- *Vivre mieux plus longtemps*, Gabrielle-Jacqueline Amel
- *Le Sommeil réparé,* Docteur Max Fleury
- *Vers une santé citoyenne,* Claire Brossier
- *Le Cœur en danger,* Docteur Max Fleury
- *La Santé émotionnelle au travail,* Professeur Charles-Henri Amherdt

DES FICHES POUR AGIR

- *L'Accréditation hospitalière,* Daniel Fromentin et Laurent Benaïoun
- *Le Best of du secrétariat,* Anne Broilliard, Karine David, Florence Farelle
- *Guide pratique d'entraînement à la conduite de réunion,* Sylvie Lainé
- *Maîtriser la gestion de son temps,* Sylvie Lainé

INNOVATION ET NOUVELLES TECHNOLOGIES

- *La Maîtrise de l'innovation technologique,* Michel Mabile
- *Comment réduire vos coûts informatiques,* Olivier Brongniart

« LES PRATIQUES DEMOS »

- *Vivre l'euro,* Benoît Lebrun
- *Se réconcilier avec l'orthographe,* Bernard Fripiat
- *Valider les compétences avec les NVQ's,* Maureen Layte et Serge Ravet
- *Compétences managériales : le guide,* Trevor Boutall
- *Comment entrer dans la fonction publique territoriale,* Anne Jauffret et Frédéric Sourdel
- *Réussir son bilan de compétences,* Yves Bayard
- *Comment prendre la parole en public,* Jacques-René Martin
- *Gérer avec succès sa recherche d'emploi,* Christian Malécot
- *Bien réussir ses recrutements*, Françoise Petit
- *S'entraîner à réussir tous les tests,* Pierre Simon
- *Le Relationnel utile*, Sylvie Lainé
- *La Communication événementielle,* Arnauld du Moulin de Labarthète
- *Être Européen aujourd'hui*, Laurence d'Andlau
- *Optimisez votre investissement salon*, Xavier Lucron
- *Comment devenir une cybersecrétaire,* Karine David et Camille Syren
- *Le Guide du savoir-faire au téléphone,* Patricia Richard-Postal
- *L'Accueil des publics en difficulté,* Yves Bernabeu et Delphine Siegrist
- *Le Temps maîtrisé,* Josette Dubost
- *Écrire efficace,* Isabelle Hamonic-Muller
- *Dynamisez votre culture générale,* Pierre Simon
- *S'entraîner à développer sa mémoire,* Pierre Simon

Achevé d'imprimer par Présence Graphique
2 rue de la Pinsonnière - 37260 Monts
N° d'imprimeur : 060828108
Dépôt légal : juin 2008
Imprimé en France